I0189972

Sofía y su búsqueda

Sofía y su búsqueda

Esther Sauvage

joie
ediciones

Diseño de portada: Éctor Sandoval

Primera edición 2013

D. R. © 2013 Esther Sauvage

Segunda edición 2014

D. R. © 2014 joie ediciones
    joie.ediciones@gmail.com

ISBN: 978-607-9147-77-8

Derechos de autor:
SEP-indautor (México)
Registro público
03-2012-080910385600

Prohibida la reproducción parcial o total sin
autorización escrita de la autora

Hecho en México
Made in Mexico

A tu espíritu y al mío,
que son lo mismo

Contenido

Primera parte 11

Segunda parte 103

Primera parte

Así que Samuel siempre sí se iba a estudiar la maestría a otro país y no quería llevarla con él.

Sofía recibió la noticia como si se le acabara la vida. Que no había dinero, que no había ahorros y que el préstamo que le daban solo servía para mantener a una persona en condiciones precarias.

—¿Y si busco un trabajo allá de lo que sea?

—Ya investigué. Tu permiso de trabajo no sirve para Dinamarca.

—Bueno, trabajo de lo que sea, te digo, de camarera, limpiando casas, de niñera, no sé, algo que no requiera papeles.

—No, Sofía, te conozco; te vas a deprimir y no vas a aguantar el clima. Parece que hay una lluvia eterna y un viento de los mil demonios.

—¿Por qué escogiste esa universidad? ¿Para que yo no fuera?

—Tú sabes que salió la oportunidad. Acuérdate de que tú misma la veías como la mejor opción, por plan de estudios, por precio.

—Sí, pero yo iba a ir contigo, ¡iba a estar contigo!

—No podré atenderte, estaré estudiando todo el tiempo, y eso te va a deprimir más. Lo mejor sería que te regresaras a casa de tu abuela por un tiempo.

—Pero, ¿qué me estás diciendo? ¿Regresarme con la cola entre las patas? Si me voy ya nunca voy a volver a verte, sería como olvidarnos para siempre el uno del otro, ¡tan lejos durante todo un año!

—Tal vez eso sea lo mejor.

Las palabras resonaron en la cabeza de Sofía y se le fueron directo al corazón para apachurrarlo con todo el peso de una terrible verdad recién descubierta. De eso se trataba. Samuel quería estudiar una maestría de negocios, pero no solo para darle un impulso a su carrera profesional, sino también para cambiar totalmente su vida. Y los cambios no incluían a Sofía. Con el corazón deshecho, sintió como si el suelo desapareciera y el techo se le viniera encima. Nada tenía ya sentido ni forma. No sabía qué le dolía más, si saberse rechazada o si el miedo al futuro. Lo que sí tenía muy claro era que a México no regresaba, sería volver a la misma dinámica de vida de la que había huido hacía muchos años. Eso no lo soportaría, tanto tiempo y esfuerzo invertidos no los iba a tirar por la borda así nada más...

∞

Sonreía y asentía con la cabeza como si le importara mucho lo que le decían. Tomaba notas y más notas, no se le fuera a olvidar algo. La verdad es que la tenía sin ningún cuidado que se cayera el sistema a media mañana. Si se cae, pues se levanta y ya. Que se perdieran millones y millones de pesos le importaba muy poco. Se divertía más cuando la gente le hablaba sobre sí misma, sobre su vida o sobre la vida en general. Si su jefe se enterara, ya no estaría en la empresa. Y más aún si supiera que ya ni siquiera tenía ganas de aprender nuevas cosas del infinito mundo de las computadoras personales, las famosas PC. Eran tantas que no se daba abasto y, sinceramente, no le interesaba. Tal vez si concentrara su actividad en las bases de datos, que fue por lo que la contrataron, ahí sí que podría hacer algo. Pero no. Como consultora de una multinacional de *software* para PC, desde el punto de vista del cliente, ella tenía que saber de todos y cada uno de los cientos de productos y, más que saber, tenía que ser una experta, ¡uff! Ya alguno que otro cliente se empezaba a dar cuenta de su falta de interés y de sus lagunas informáticas, y no sabía hasta cuándo podría mantener las apariencias. Y la colitis. Cada vez estaba peor. Estar tanto tiempo sentada haciendo cosas aburridas, encerrada en las frías e impersonales oficinas del cliente con tanto estrés. Era desesperante y se le inflaba la panza. Que se calmara, le decía el gastroenterólogo y le daba pastillitas, pero ella no sabía cómo calmarse, no tenía ni idea y, al parecer, el médico tampoco.

—¿Cómo lo ves, Sofía? ¿Crees que podamos encontrar una solución adecuada para la próxima semana? —El jefe de proyectos del cliente bancario la sacó de su ensimismamiento.

—Por lo pronto, me llevo los datos para analizarlos —respondió casi automáticamente—. Mañana viernes me reuniré con mis compañeros para trabajar en ello. Para el martes ya tendremos una propuesta, al menos una propuesta inicial. Nos vemos aquí en sus oficinas, ¿no? ¿Les parece bien a las once de la mañana?

—Mejor a las nueve. Mientras más pronto empecemos, mejor.

—Muy bien. Pues hasta el martes a las nueve. Que tengan buen fin de semana —dijo mientras guardaba su *laptop* y recogía todas sus cosas.

¿Por qué a las nueve?, pensaba Sofía mientras caminaba por el estacionamiento hasta su coche. Tendría que madrugar para atravesar toda la ciudad de norte a sur antes de que las calles se atascaran de coches, y llegaría al menos una hora antes de la cita. ¿Por qué no a las once, cuando ya hay menos tráfico? Pero el cliente es el cliente. Por lo pronto, tendría que ver qué hacer con la información que le dieron. Metió su portafolios en la cajuela, entró al auto y puso su bolso debajo del asiento del copiloto, para no llamar la atención de algún ladronzuelo en los semáforos. Tenía que haber venido Joel a la reunión, se lamentaba mientras arrancaba el vehículo. Él es quien sabía de estas cosas y además el que debería estar como líder del proyecto, no ella, que no tenía ni interés ni idea de lo que pasaba con el cliente. A buena hora se había ido a meter a esta empresa en la que a la mayoría de los empleados le faltaba poco para tatuarse en el pecho el logotipo de la compañía. En medio del asqueroso tráfico de mediodía de la ciudad de México, su ambición y su ego no le parecían ya razones suficientes para padecer de esa manera.

***

Al llegar a la oficina se encontró con Joel, que iba saliendo.

—¿Vas a comer? —preguntó Sofía.

—Sí, ¿vienes? Voy al restaurante-librería que nos gusta.

—Vamos y aprovecho para contarte lo que vimos en la reunión. Nada más déjame guardar mis cosas —dijo ella apresurándose hacia su lugar. Sacó dinero de la cartera y la guardó con llave junto con el bolso y la computadora en su cajonera. Dejó el suéter sobre la silla y volvió a reunirse con su compañero de trabajo.

El lugar quedaba muy cerca, ahí mismo en Las Lomas, a unos quince minutos andando. La zona era muy agradable y arbolada para ir a pie, y el día estaba tibio y soleado. Como de costumbre, los zapatos de Sofía eran de tacón bajo, así que no tenía ningún problema en caminar. Durante el trayecto puso a Joel al tanto de lo acontecido con el cliente, y de los compromisos a los que se había llegado.

Eligieron una de las mesas del patio, para disfrutar por una hora del aire libre aunque contaminado, del cielo ligeramente azul y del piar de los pajarillos que anidaban en los árboles de la avenida. A Joel le gustaba mucho venir a ese lugar por las sopas frías que servían. En esta ocasión la pidió de zanahoria, y de segundo plato filete de pescado a la parrilla. Sofía ordenó crema de queso y unas enchiladas verdes de pollo. Los dos pidieron limonada con agua mineral para beber; ella, sin hielo.

—Y, ¿cómo estás? —preguntó de repente Joel, mirando fijamente a su amiga con sus pequeños y traviesos ojos café.

—Pues, estoy. Resisto, pero ya no aguanto. No sé qué hacer, me siento atrapada en este trabajo que ya no me gusta —contestó llena de desolación, mientras su índice y pulgar izquierdos jugaban con uno de sus rizos castaños que le llegaba a la altura de los hombros—. Y, además, me siento fatal de la panza, ¡fatal!

—Yo te sugiero que vayas con algún médico naturista para lo de tu estómago. Ya te he contado del acupunturista que conozco, si quieres te doy sus datos. Para lo de sentirte atrapada, de verdad debes buscar ayuda psicológica, y no porque piense que estés loca, sino porque resulta de gran ayuda para todos estos asuntos de la vida, ya lo hemos hablado. Pero, en serio, creo que te convendría hacer algo diferente de lo que hasta ahora has hecho.

Sofía asentía con la cuchara en la mano derecha y los ojos clavados en la crema de queso que le acababan de traer.

***

Fue por medio de Joel que Sofía conoció otras maneras de entender la vida. Su amigo conjugaba de la forma más natural un estricto rigor científico con la creencia en un mundo sobrenatural. Todo aquello que tuviera que ver con energía y realidades paralelas le interesaba a Joel. Era uno de los ingenieros en computación más brillantes de la compañía, aunque por su aspecto y su manera de ser y de vestir tan relajados no diera esa impresión. Era muy delgado y medía unos cuantos centímetros más que Sofía; su cabello era castaño, de rizos pequeñitos; su piel era morena muy clara, y su nariz resaltaba en la cara alargada. Apenas tenía 30 años, dos menos que Sofía, y denotaba una gran seguridad, además de acumular un montón de experiencias extrañísimas. Era judío practicante, aunque no ortodoxo, y había estudiado la Cábala en una temporada en que vivió en Nueva York. Por otro lado, había leído casi todos los libros de un misterioso Carlos Castaneda sobre las enseñanzas místicas de un chamán que usaba peyote. El mismo Joel había probado este cactus con unos amigos, durante una excursión a un bosque cercano a la Ciudad de México. El peyote les hizo tener experiencias alucinantes en las que el bosque se deformaba, las plantas adquirían movimiento y personalidad, y se les presentaba alguno que otro ser horripilante y tenebroso. Por si todo esto fuera poco, a la novia de Joel se le aparecían los muertos de repente.

Las conversaciones con su compañero y amigo la conectaban de nuevo con la ilusión de un mundo donde podrían existir duendes y gnomos. A los once años Sofía había dejado de creer en Santa Claus y, de paso, en los Reyes Magos y en las hadas. La Nochebuena en que se enteró se dijo que, cuando fuera grande, ella haría de Santa Claus para todos los niños del mundo, y trató de imaginar cómo repartiría tantos regalos en una sola noche. Iba a necesitar la ayuda de muchísima gente, y tal vez utilizando helicópteros podría lograrlo. No sabía de dónde sacaría tantos juguetes, si contrataría gente disfrazada de duende para hacerlos. ¿Y dónde pondría el taller? ¿En el Polo Norte? Todo era demasiado complicado. Esa noche se quedó dormida de puro cansancio y frustración.

Tres años después, Sofía encontró entre los libros de su abuelo uno titulado *El mensaje de los dioses*, de Erich von Däniken. Allí explicaban, con gran detalle y muchas pruebas, que los dioses de las civilizaciones antiguas eran extraterrestres, e incluso que alguno que otro de los milagros de la Biblia, que le habían contado en las clases de catecismo, tenían el mismo origen. El libro planteaba sus argumentos de manera muy lógica para Sofía y los creyó sin titubear. Por otra parte, la religión le parecía llena de incongruencias, como lo de confesarse con un cura a pesar de tener a un Dios que era solo amor, y que se suponía estaba en todas partes y todo lo veía, lo escuchaba y lo perdonaba. Eran muchos los asuntos que le parecían absurdos y sin sentido, y poco a poco empezó a creer solo en aquello que se pudiera comprobar de manera lógica o científica.

Extrañamente, a pesar de su escepticismo, las cosas que le contaba su colega parecían tener más sentido que lo que le habían enseñado de niña. Tal vez era su forma de contarlas, o el respeto y la admiración que le tenía a Joel como profesional y como persona, lo que le permitía abrirse a todo lo que le decía, aunque no fuera nada común para ella. Era como si en el fondo tuviera ganas de creer en algo, en algo que tuviera sentido, que no se contradijera y con lo que no sintiera que intentaban controlarla.

**

Lo primero que hizo de todo lo que Joel le platicaba y sugería fue visitar al acupunturista para lo de la colitis. Era tal su malestar que estaba dispuesta a probar terapias de medicina no convencional; el gastroenterólogo no la había ayudado hasta ahora, así que nada tenía que perder y tal vez mucho que ganar. La primera cita se la dieron para el jueves de la semana en que entregó la propuesta inicial a los clientes del banco.

El consultorio estaba en la colonia Nápoles, a unos veinte minutos de la oficina en hora de poco tráfico, y ocupaba la planta baja de una casa. El médico se llamaba Martín y era robusto, aunque no tan alto para su complexión, pues apenas mediría un metro setenta y cinco, unos diez centímetros más que ella. Tenía ojos verdes muy claros, piel color aceituna y pelo lacio castaño claro, casi rubio. La hizo pasar al recibidor, donde le indicó que se sentara en una de las múltiples sillas que había repartidas a lo largo de las cuatro paredes color verde pistache. El hombre, ataviado con una bata blanca de mangas cortas, que llevaba por encima de una camisa y un pantalón del mismo tono que su pelo, la dejó ahí y salió por una de las puertas que daban al vestíbulo.

De la puerta por la que había desaparecido el médico emanaba un olor muy extraño, ¿a mariguana? No podía ser, su amigo se lo habría advertido. A los pocos minutos Martín volvió y la condujo hacia otra de las puertas, a una salita donde había un escritorio, un par de sillas, una estantería repleta de libros, varios aparatos extraños por todos lados y un montón de diplomas colgados en la pared de la puerta. Con uno de los aparatos que tenía lentes, parecido a los que usan los oculistas, el médico analizó ambos ojos de Sofía y descubrió en los iris que su estómago, su páncreas y sus intestinos no andaban muy bien. Hizo algunas anotaciones y marcas en una hoja con el dibujo impreso de dos ojos. En seguida la llevó a otra sala con una camilla en el centro. Ahí Sofía se acostó y se descubrió el vientre, tal como le indicó Martín. Guiándose por las notas que había hecho anteriormente, el acupuntor fue poniéndole agujas a Sofía en diferentes partes del cuerpo, principalmente en el abdomen. Impresionaba un poco, pero la verdad es que no le dolía. Entonces pudo comprobar de dónde provenía el misterioso olor que la recibió: encima de las agujas clavadas, Martín puso montoncitos de hierbas que prendió con un cerillo. El calor de las mini-hogueras se metía en su cuerpo de manera agradable. Así estuvo un rato, cada vez más relajada, a punto de quedarse dormida, hasta que regresó el médico a quitarle hierbas y agujas.

***

—¿Cómo te fue con Martín? —le preguntó Joel al día siguiente a su amiga, mirándola con mucha curiosidad.

—Yo creo que bien, fue muy agradable la sensación. Me sentí muy relajada y dormí muy bien.

—¿Y qué te dijo? ¿Te hizo lo de la iridología?

—Sí, me dijo que mi sistema digestivo, en general, está bastante mal, lo que no es ninguna novedad.

—¿Qué te recetó?

—Tres infusiones de diferentes hierbas: una para tomar por la mañana en ayunas, para la gastritis, porque ahora resulta que también tengo gastritis; otra para antes de cada comida, y una más para expulsar bichos intestinales. Además, me mandó una dieta con bastantes frutas y verduras, que se parece un poco a la del gastroenterólogo, pero lo que me gustó es que debo hacer un día de supuesto ayuno cada semana, en el que tengo que comer solamente de un tipo de fruta o sopa de verduras con papas con cáscara. Este fin de semana la haré con mango manila, que me encanta, aprovechando que estamos en abril y empieza la temporada. Ah, y para dormir me mandó que me pusiera un paño frío en el vientre. Todavía no lo hago, a ver si lo aguanto.

Sofía se quedó mirando unos instantes a un punto indefinido de la moderna mampara de tapiz verde esmeralda que separaba los lugares de trabajo, para en seguida volverse de nuevo hacia Joel con desesperación.

—¿Crees que sirva de algo todo esto?

—Todo sirve, Sofía. Pero piensa que no te vas a curar de la noche a la mañana, que el tratamiento puede durar varios meses.

—Sí, ya me lo imaginaba —respondió con una mueca de fastidio—. Tengo que volver dentro de quince días, y seguro que luego otra vez dentro de quince días y después otros quince días, y así hasta la eternidad.

—¿Pues qué creías? ¿Que se curaría en unos instantes una enfermedad con la que llevas años? Existen los milagros, Sofía, pero no son de todos los días. Y recuerda que, además de la parte física, también deberías hacer algo por tu salud mental y emocional, que a final de cuentas por eso tienes los problemas con la panza. Podrías ir a un psicólogo, ya hemos hablado de eso. Pero tienes que estar convencida de que quieres hacerlo; si no, dudo que te sirva para algo. Ya te he contado de mi terapeuta, a mí me parece muy bueno. Cuando tú lo decidas, me pides sus datos y te los doy. O busca algún otro por tu cuenta.

—Sí, está bien. Lo voy a pensar y luego te digo.

***

No tardó mucho Sofía en pedirle los datos del psicólogo a Joel. Los últimos días habían sido terribles, mil juntas con el cliente para detallar la propuesta final del proyecto, que entregaron en una reunión un par de semanas después de la inicial. En esa última sesión, sobre todo, Sofía parecía estar en otro lugar, despistada, vacilante, sin dar explicaciones claras a un montón de detalles que constaban en el documento. El cliente se quejó con su jefe y le pidió que pusieran a otro responsable o cancelaría el proyecto. El jefe no la despidió, pero sí la cambió de proyecto y habló seriamente con ella. Sofía no podía más. No sabía cómo escabullirse, cómo explicar que ya no quería hacer ese trabajo y, al mismo tiempo, era incapaz de renunciar. ¿Adónde iría? ¿De qué le serviría cambiarse a otro empleo igual? ¿Quién la querría contratar ahora, después de lo mal que había quedado? ¡Era increíble cómo una persona podía pasar tan rápido de ser una brillante profesional a un personaje repudiado por los clientes! Su excepcional carrera como especialista informática en varias empresas internacionales de gran prestigio parecía estar llegando a su fin, y Sofía no entendía cómo había sucedido. A ella siempre le había gustado hacer las cosas bien y siempre lo conseguía, pero ahora no podía dejar de divagar, no podía concentrarse.

Su amigo tenía razón: no era suficiente con cuidar el estómago y los intestinos, necesitaba saber qué demonios le estaba pasando. Sentía que había tocado fondo y no quería seguir así. El psicólogo la citó para una sesión de grupo el viernes por la noche de esa misma semana. Su consultorio quedaba por Lomas de Sotelo, convenientemente cerca de su casa para evitar el estrés del tráfico. Gregorio era alto y delgado, de barba y cabello negros y piel muy blanca. Vestía pantalón negro y camisa blanca. Sus ojos azules resaltaban entre tanto blanco y negro. No era un psicólogo como los que Sofía había visto en la tele o en las películas, donde se recuesta uno en un diván y va relatando al médico los traumas de la infancia. Según le había explicado su amigo, Gregorio mezclaba las teorías y prácticas de la terapia Gestalt con meditación, energía, guías espirituales y cosas así de esotéricas.

El consultorio estaba en la casa del terapeuta, y parecía más bien un taller de teatro o de expresión corporal por sus grandes dimensiones y la alfombra de textura áspera color vino que cubría todo el piso. Estaba dividido en dos secciones. En la primera, había una mesa blanca muy sencilla con una pila de hojas blancas y un lapicero de base cuadrada de plástico ahumado, repleto de lápices y bolígrafos de mil colores. La mesa formaba un triángulo con las dos paredes de la habitación que tenían puerta: una daba al interior de la casa y la otra al patio de entrada. Además de una silla detrás de la mesa, había un sillón enfrente. Las dos secciones del consultorio estaban delimitadas por un largo escalón de pared a pared que subía al segundo espacio. En esta parte había tres bancas pegadas a cada pared, tapizadas como una continuación de la misma alfombra. Por todo el consultorio había cojines de color gris de diferentes tamaños y formas. Las paredes estaban pintadas del mismo tono que la alfombra, por lo que el lugar resultaba algo oscuro, a pesar de la iluminación en el techo y de la luz de un farol en el patio que entraba por una pequeña ventana.

Cuando Sofía llegó, había ya cinco personas en el consultorio, sentadas en las bancas o en el suelo sobre cojines.

Sofía se sentó donde Gregorio le indicó, en una de las bancas junto a un hombre de piel morena y pelo entrecano. A cada participante el terapeuta le fue dando oportunidad de comentar cómo le había ido en la semana, para de inmediato ponerlo a conversar con su problema. A algunos les pedía que se imaginaran el problema personificado y presente en algún lugar específico de la sala; a otros les pedía representarlo, ya fuera una situación o una persona, con la colaboración de alguno de los asistentes. Una mujer delgadita, de nariz afilada y pelo castaño lacio hasta la barbilla, explicó que no se entendía con su hija de doce años, quien cada vez estaba más en su contra y a favor del padre, del cual se había separado y con el que siempre estaba compitiendo para atraer la atención de la niña. El psicólogo la puso a charlar con el imaginario ex, representado por otro de los participantes sentado en una silla en medio de la sala, a través de preguntas y un diálogo poco comunes y al mismo tiempo muy obvios, que Gregorio le iba haciendo e indicando. Después de un rato de charla, la mujer soltó de pronto una carcajada comentando que era ridícula la situación en la que ella misma se había metido siguiéndole el juego a su antiguo compañero. El psicólogo la hizo concluir sobre lo que haría de ahí en adelante.

A Sofía no le tocó platicar con su problema en esa ocasión. Después de que explicó al grupo lo que le pasaba, Gregorio le pidió que se pusiera de pie en medio de la sala y que cerrara los ojos. Con una lágrima escurriéndole por la mejilla derecha y con la barriga inflada al máximo, Sofía fue sintiendo manos cálidas y reconfortantes posarse sobre su cabeza, hombros, espalda, brazos, manos y vientre. Parecía encontrar un poco de alivio a su pena y, sobre todo, sintió cómo el dolor de panza desaparecía poco a poco. Cuando le quitaron las manos, abrió los ojos lentamente y se encontró primero con la larga barba del psicólogo y, más arriba, con su mirada plácida y comprensiva. Esa noche se sintió muy tranquila y pudo dormir de un jalón.

***

Poco a poco, Sofía fue sintiendo algo de alivio para su sistema digestivo gracias a la acupuntura y a la dieta que le dio Martín, y aprendió que debía prestar atención a las señales que le mandaba su cuerpo. Por otra parte, las sesiones con Gregorio eran cada vez más interesantes. En los últimos cinco meses habían trabajado varios temas que, de alguna manera, parecían estar detrás de sus problemas laborales y profesionales, como la relación de Sofía con su hermano Joaquín, la muerte accidental de los padres cuando ella era muy pequeña, o su relación con su feminidad y los hombres en general. Además, Sofía había definido con su psicólogo un plan de trabajo, para saber a qué se quería dedicar, como si fuera a elegir por primera vez una carrera, porque la computación definitivamente ya no le interesaba. Había descubierto que podría gustarle dedicarse a temas relacionados con animales, el bosque o los niños, pero no podía decidirse por alguna actividad o carrera específicas. El terapeuta le encomendó que hiciera prácticas para descubrir lo que verdaderamente la llenaba.

Empezó por visitar al veterinario que siempre había cuidado los gatos de la familia. Estaba muy cerca de la casa, en la misma colonia Irrigación. Le explicó al médico sus intenciones, y él le permitió que ayudara, para empezar, al hombre encargado de la peluquería animal. Se llamaba Braulio y era moreno de pelo y piel, fornido y bajito.

El sábado que estuvo en la veterinaria, Sofía saludó al médico y subió rápidamente al segundo piso donde estaba la estética. Braulio la saludó y le asignó bañar y secar a un *Shar Pei* macho. De las uñas, los oídos y los dientes se hizo cargo él. El baño estuvo fácil; lo que le costó un poquito de trabajo a Sofía fue cargar al perro de casi veinte kilos para subirlo a la mesa metálica para secarle el pelo.

—A veces viene una señora a la clínica a ayudarme, también quiere aprender. A ti se ve que no te da nada de miedo —le dijo secamente Braulio a manera de cumplido.

Sofía estaba acostumbrada a los animales, le gustaban mucho. Además de los gatos que siempre había habido en su casa, le encantaba jugar con los perros de casa de sus primos cada vez que iba de visita.

Cuando llegaron los dueños del perro, Sofía fue quien lo entregó. Bajó las escaleras casi a rastras detrás del fortísimo can que jalaba apresurado la correa.

—Ya está bañado y seco, se le limpiaron los oídos y los dientes. Las uñas no se pudieron cortar mucho porque son negras y se corre el riesgo de cortar de más y lastimarlo —explicó Sofía a la pareja.

—Ah, de acuerdo, muchas gracias —dijeron hombre y mujer casi al unísono, algo sorprendidos de verla a ella en vez de a Braulio o alguno de sus ayudantes, como era costumbre.

No hubo más trabajo ese sábado. Sofía se sintió muy satisfecha y el resto del día estuvo de muy buen humor. Se había divertido mucho en la peluquería canina y sentía que de verdad podría cambiar el rumbo de su vida.

**

Al día siguiente llamó a Ana, su prima, que era educadora y trabajaba en un jardín de niños en Ciudad Satélite. Seguro que la podría ayudar para lo de sus prácticas relacionadas con el tema de los niños.

—¿Cómo está eso de que quieres ir al kínder a probar? Pero si ya te he invitado varias veces a los festivales de Navidad y primavera y nunca puedes ir porque siempre estás muy ocupada.

—Sí, lo sé, pero ahora intento redefinir mi vida. Mira, quiero cambiar de carrera y no sé realmente a qué me quiero dedicar. Una de las cosas que tengo en mente es algo relacionado con los niños, tal vez de educadora, así como tú. Varias veces te he comentado que me gustan los niños, ¿te acuerdas?

—Sí, pero de ahí a dedicarte a ellos es algo muy diferente. ¿Estás segura? ¡Si te va muy bien con lo que haces!

—La verdad es que no estoy segura de nada, por eso quiero probar, y mi carrera me está destrozando la existencia y la salud.

—¿De verdad?

—Sí, Ana, te lo digo en serio.

—Está bien. Se lo voy a comentar a la directora. No creo que haya ningún problema. A veces tenemos en los salones a mamás que vienen de observadoras y nos ayudan con las actividades que hacemos con los niños, así que supongo que tú podrías hacer lo mismo. ¿Pero vas a tener tiempo?

—No te preocupes, tú dime si se puede y cuándo, y yo pido un día o dos de vacaciones, o los que sean necesarios.

—Muy bien, te aviso en cuanto sepa algo. Besos.

—Besos, Ana. ¡Muchas gracias! *Bye*.

***

El lunes que vio a Joel en la oficina le contó sobre su práctica veterinaria y sus planes para el jardín de niños.

—¡Qué padre! Suena muy bien —le dijo—. Oye, a propósito de todo esto, el viernes me contaron de una señora que lee los caracoles para conocer el futuro, algo parecido a lo que hacen los santeros, o como quienes leen las cartas del Tarot, pero con caracoles. Que es muy buena, me dijeron.

—¿Quién te dijo? —inquirió Sofía, curiosa.

—Nancy, la chava güera de ventas. Que ella ha ido un par de veces y que es buenísima. ¿No te late?

—No sé, ¿tú qué opinas? ¿Vas a ir?

—Sí, sí voy a ir, hace mucho tiempo que no me leen las cartas ni nada de eso y quiero saber si me conviene comprar el terreno del que te conté, pues se está complicando el asunto. Y, bueno, a ver qué me dice del futuro en general.

—Pues, igual también voy, no pierdo nada, ¿no?

—Yo creo que no. Al menos puede ser divertido —le dijo riéndose—. Mira, este es su teléfono.

Consiguió cita con la señora de los caracoles para el miércoles de esa misma semana. Ese día salió de la oficina a las seis en punto de la tarde para llegar a tiempo. Habían quedado a las siete y media, pero tenía que atravesar toda la ciudad a la hora pico de tráfico para llegar al extremo sur, pues Leticia vivía en la colonia Jardines de Coyoacán, casi llegando a Xochimilco. Estaba muy enredado el camino y no eran sus rumbos, pero le dieron bien las indicaciones y llegó sin mayor problema.

La recibió la sirvienta, una chica vestida con uniforme amarillo claro y delantal blanco muy almidonado. Era bajita, de piel morena y estaba peinada con una larga y gruesa trenza negra que le llegaba más abajo de la cintura. La hizo pasar a una pequeña sala alfombrada en beige donde había un par de sillas de caoba de líneas curvas, con respaldo y asiento tapizados con una tela lisa en color marfil. Entre las sillas había una mesa auxiliar redonda cubierta con un mantel largo del mismo tapiz que las sillas. Encima, un florero de cristal verde esmeralda con tres girasoles de tela. Colgado en una de las blancas paredes, a espaldas de las sillas, un gran espejo rectangular con marco dorado le permitió a Sofía observarse antes de tomar asiento. Sus rizos se veían algo despeinados y alborotados después de toda una jornada de andar de aquí para allá. Sus mejillas estaban coloradas, a pesar de que casi ya no tenían rastros de rubor, debido al calor acumulado del día. Sacó su lápiz labial, lo aplicó, se acomodó el pelo un poco y se sentó a esperar. En la pared de enfrente había dos cuadros al óleo de casas coloniales mexicanas, con buganvilias, muros blancos y tejados de barro. Escuchó dos voces de mujer que se despedían al mismo tiempo que entraba la muchacha bajita a la sala de espera para indicarle que la siguiera. Subieron por unas escaleras de madera barnizada. La chica hizo entrar a Sofía en una habitación que tenía una mesa cuadrada cubierta con un mantel de fieltro verde, como para jugar póker o dominó. Encima del mantel había un montón de pequeñas conchas de caracoles de mar de diferentes dimensiones, formas y colores. A lados opuestos de la mesa se encontraban dos sillas de metal negro plegables. Justo cuando se iba a sentar en la más próxima a la puerta, una de las voces de mujer que había oído abajo la saludó a sus espaldas y se presentó. Era Leticia, la vidente de los caracoles, una mujer de unos 40 años, de cabello castaño oscuro, largo y ondulado, recogido a los lados con un par de broches con piedritas brillantes. Su aspecto no tenía nada de esotérico ni misterioso; al contrario, era muy normal, bastante cuidado, igual que el de la casa. Sus ojos eran de color café oscuro muy grandes, y su mirada era suave y profunda. Se dieron la mano y se sentaron. Sofía empezó a hablar de cómo en el trabajo le habían dado sus datos, que el camino había sido muy largo pero que se la habían recomendado mucho, que necesitaba orientación...

—¿Qué es lo que te interesa saber en particular? —preguntó la vidente en una pausa que hizo Sofía para respirar.

—La verdad es que quisiera saber qué pasará con mi vida, estoy muy cansada y harta del trabajo que hago y no sé por dónde seguir —contestó después de un suspiro muy profundo.

—Bueno, vamos a ver qué nos dicen.

Leticia cogió los caracoles y los agitó dentro del cuenco que formó al juntar sus manos. Luego los dejó caer sobre la mesa como si fueran dados. Así cuatro veces más, y en cada ocasión la vidente interpretaba los mensajes de los caracoles con mucha certeza. Al parecer, a Sofía le esperaban viajes al extranjero y un amor en otras tierras. No dijo nada en concreto de la carrera, pero en cuatro de las cinco tiradas comentó que veía la escritura como una gran habilidad que Sofía poseía.

—A ver, todos podemos escribir, pero la escritura aparece en ti como un gran don. Debes utilizarlo, aprovecharlo y compartirlo con el mundo. No te preocupes al principio por el estilo ni por cómo quedará. Tú escribe, que con la práctica todo llega. Pero escribe, por favor, no desperdicies ese talento tan grande que tienes.

La sesión duró alrededor de una hora. Leticia la acompañó abajo como había hecho con su cita anterior. Se despidieron, Sofía se subió a su carro y emprendió el camino de regreso a casa. Por la hora había ya mucho menos tráfico, aunque eso en realidad no la agobiaba; todo el trayecto estuvo dándole vueltas a las palabras de Leticia. Era emocionante pensar que podría llegar a vivir en otro país, tal vez en uno donde todo funcionara bien, con sus lindas casas, con todo ordenado y limpio, como en las películas. Y lo del amor era interesante, aunque los caracoles no dieron mucho detalle al respecto.

Lo que más la impresionó fue lo de escribir. Un cuento de ciencia ficción en tercero de secundaria era lo más que había escrito Sofía; uno de los personajes principales era una carcacha parlante, como la que sale en la película *Chitti chitti bang bang*. Ya de adulta escribía cartas de temas aburridos a sus clientes, además de un artículo que hizo sobre un producto de *software* en la revista mensual de uno de sus empleos anteriores. Nada más. Nunca se le ocurrió pensar en ser escritora, aunque los libros la apasionaban y disfrutaba enormemente leyendo novelas y cuentos, desde que tenía memoria. Incluso había por ahí una foto de cuando tenía unos cinco años en la que salía con un cuento infantil en la mano derecha, montada en un reno de madera, al lado de un Santa Claus flaco y de cejas negras. El cuento, *Yo también*, se lo había comprado la tía Gloria, por insistencia de Sofía, el mismo día en que le tomaron la foto. Recordaba también que, ya en la adolescencia, había preferido muchas veces quedarse leyendo que salir con sus amigas. O se pasaba días enteros de las vacaciones absorta en la lectura de algún libro que se había encontrado en la pequeña biblioteca de su abuelo, interrumpiendo su actividad solo para comer, dormir, ir al baño y, algún día, para bañarse. Pero de leer a escribir hay un mundo de diferencia. Nunca se había imaginado como escritora, ni siquiera había considerado la literatura como opción de carrera, a pesar de lo que le gustaba y lo mucho que disfrutaba las clases de la materia en secundaria y preparatoria. "La literatura no da para comer", pensaba Sofía cuando la orientadora vocacional en la prepa le dijo que los resultados de sus pruebas señalaban una gran facilidad para la comunicación, el lenguaje y las humanidades.

—Voy a estudiar computación —dijo tajante Sofía en la entrevista.

—Bueno, esa disciplina incluye lenguajes de programación, ahí podrás desarrollar al máximo tus habilidades —fue lo único que pudo decir la mujer ante la seguridad de la adolescente.

La verdad es que no se arrepentía de haber estudiado computación. Durante casi diez años había disfrutado de su carrera y había tenido bastante éxito, accediendo a puestos cada vez más importantes y a mejores salarios. Pero el gusto por aprender sobre su área se había ido extinguiendo poco a poco, y desde hacía ya un año su trabajo era como una pesada carga. Aunque los caracoles no le habían indicado claramente cómo cambiar esa situación, la idea de la escritura y la de vivir en otro país la habían ilusionado.

***

En la sesión del viernes, Gregorio parecía muy entusiasmado con lo que le contaba Sofía sobre los caracoles.

—Así que tienes un gran don para escribir... —comentó mientras le daba vueltas a los intereses que había manifestado Sofía en las últimas visitas: el bosque y las plantas, los animales, los niños...

—Bueno, eso del "don" lo dijo la vidente, pero de ahí a que sea verdad, pues, no sé. Lo que sí, es que llegando a la casa me puse a escribir lo que pasó en la sesión.

—¿Y?

—Pues nada más, no lo leí después, no quería desanimarme antes de tiempo. ¿No ves que no debo preocuparme por el estilo aún? Seguro que escribí solo tonterías, pero al menos me sirvió para dejar constancia de lo que ahí pasó.

—A ver, cierra los ojos y respira muy profundo —le dijo, y poco a poco la fue guiando a través de visualizaciones, pidiéndole que estuviera atenta a las sensaciones que se producían en su cuerpo y en su ánimo.

Cuando notó que Sofía había llegado a un estado de relajación profundo le dio varias indicaciones.

—Ahora repite "Soy ingeniera forestal".

—Soy ingeniera forestal —dijo Sofía.

—"Soy veterinaria", repítelo.

—Soy veterinaria.

—"Soy escritora de artículos".

—Soy escritora de artículos.

—"Soy escritora de novelas".

—Soy escritora de novelas.

—"Soy educadora de niños".

—Soy educadora de niños.

—Muy bien. Ahora vas a decir "me conviene ser ingeniera forestal".

—Me conviene ser ingeniera forestal.

—"Me conviene ser veterinaria".

—¡No, no! —exclamó de pronto Sofía—. ¡Me conviene ser escritora de novelas!

En ese instante, Sofía sintió y vio en su mente cómo cambiaba a un plano superior, su cuerpo era una esfera dorada que se derretía y se estiraba para subir a ese nivel. Ahí arriba escribía, sentada ante un escritorio de madera situado frente a un gran ventanal. Estaba rodeada de color verde por todas partes y sentía un gran placer, satisfacción y plenitud. Simultáneamente, su "yo" en el plano de abajo observaba a la escritora y compartía sus sensaciones. Ahí estuvo un buen rato, o al menos eso le pareció, disfrutando de una felicidad desconocida.

Al salir de la meditación comentó los detalles con el psicólogo una y otra vez. ¿Significaba esa experiencia que había encontrado su camino, su objetivo en la vida?

—¿Tú qué crees? ¿Te gustaría sentirte así como en la meditación a lo largo de tu vida?

—¡Claro que sí!

—Pues ahí tienes tu respuesta.

Sofía estaba radiante. La sensación de plenitud la acompañó toda la noche y durmió plácidamente. Ya se le estaba haciendo costumbre eso de dormir bien.

***

El sábado se levantó muy temprano y con mucha energía. Se arregló, desayunó y se presentó en la clínica veterinaria para agradecer la oportunidad que le habían dado y explicar que ya no necesitaría hacer más prácticas. Después llamó a su prima para contarle que ya no tendría que ir al kínder; por suerte, aún no había hablado con la directora.

—Entonces, ¿ya sabes qué quieres hacer? —preguntó Ana.

—Sí, ayer en terapia descubrí que lo que más me satisface es escribir.

—¿Escribir? ¡Eso sí que es un cambio! ¿Y qué vas a escribir? ¿Vas a poder vivir de eso?

—Esa parte aún no la resuelvo —contestó Sofía con risa nerviosa—. Solo sé que voy a escribir novelas. No tengo ni idea de por dónde empezar, más que por aprender a escribirlas.

—Ay, Sofía. Piensa bien las cosas, no vayas a arrepentirte luego.

—Espero que no. Por ahora la única seguridad que tengo es que me hace sumamente feliz pensar en escribir. Por favor, no le vayas a decir nada todavía a mi abue, tampoco a tu mamá, y mucho menos a Joaquín.

—No, claro que no, no te preocupes. Bueno, te dejo, tengo que darle de desayunar a la niña que no deja de jalarme el pantalón. Cuídate mucho y piensa bien lo que vas a hacer.

—Sí, muchas gracias. Cuídate tú también. Besos a mi sobrina. Chao.

***

La mente lógica y ordenada de Sofía le señalaba que el camino a seguir era estudiar en alguna escuela para aprender a escribir, es decir, aprender a ser escritora. Un amigo le comentó que él había empezado a asistir a un taller de escritura en Coyoacán y la invitó a una de las sesiones. Sin embargo, la idea no la convenció; tenía que dedicarse tiempo completo a eso, no a ratos, porque si no tendría que seguir trabajando en lo que la estaba asfixiando.

El problema era qué estudiar y cómo mantenerse mientras estudiaba. Era cierto que no tenía que pagar renta, pero igualmente contribuía con una cantidad mensual considerable en casa de la abuela para alimentos y gastos de luz, teléfono, agua, etc. Y si entraba a estudiar tendría que pagar colegiaturas, inscripciones, libros y demás. Tenía una muy buena cantidad de dinero ahorrada, además de las acciones que les daban en la empresa; no quería gastarse ese dinero así nada más, pero si fuera necesario estaba dispuesta a hacerlo. Lo ideal sería conseguir una beca en alguna universidad que tuviera licenciaturas relacionadas con literatura, aunque ¿quién le daría una beca por cambiar de carrera? Sabía que en la Universidad Nacional Autónoma de México, la UNAM, las colegiaturas eran muy razonables y sus ahorros no se verían muy afectados.

***

Era infinita la lista de espera para la carrera de letras, según le dijo la señora que la atendió en la UNAM. Además, les daban prioridad a los alumnos recién egresados de preparatoria y bachillerato. De cualquier forma, Sofía se anotó. Mientras le daban alguna respuesta investigaría otras opciones.

Alguien le había comentado, no recordaba si había sido Joel o Gregorio, que en vez de una licenciatura evaluara la opción de estudiar un posgrado, y que tal vez en países como Gran Bretaña, Estados Unidos o Canadá podría tener ventaja sobre los alumnos locales si optaba por literatura hispánica, por el idioma. Así que, desde el sur de la ciudad donde estaba la Universidad, Sofía se dirigió hacia el norte, a la embajada de Canadá, que quedaba en Polanco, muy cerca de la oficina a donde eventualmente tendría que volver después de haberse escapado muy temprano con el pretexto de entregar unos documentos a un cliente.

En la embajada le explicó lo que buscaba a una señorita vestida con lentes muy gruesos y traje sastre beige, que hablaba muy bien el español, pero con un fuerte acento anglosajón. La señorita la hizo pasar a una sala con estanterías metálicas llenas de folletos y libros, y un par de mesas rectangulares en el centro con varias sillas a su alrededor. Le indicó la sección de las universidades y el tablero de anuncios sobre becas y calendarios escolares, y la dejó diciéndole que cerraban a la una y media. Era justo el mediodía, así que tendría que aprovechar muy bien el tiempo. En el tablero de anuncios había varias ofertas de becas a través de concurso, pero todas eran para ciencias e ingeniería. Se volvió hacia la estantería con los programas universitarios. Agarró los de las universidades de Toronto, ciudad en la que había estado hacía unos meses para tomar un curso de la compañía. Buscó también universidades en Montreal y en Vancouver y se llevó todo a la mesa más cercana. Era un mundo de información y le iba a llevar más tiempo del que pensaba. Montreal la atraía, pero aún no se sentía muy hábil con el francés, a pesar de haber cursado el último nivel hacía un año. En cuanto a Toronto, se le figuraba muy parecida a las ciudades estadounidenses, y la verdad es que prefería algo diferente si iba a irse de México. Así que empezó por Vancouver, que era una ciudad que le había llamado mucho la atención cuando salió en una telenovela mexicana un par de años atrás. Tenía dos universidades que ofrecían programas similares y que le interesaron. Había una maestría en escritura creativa que parecía ideal, salvo porque era en inglés, y si con trabajos podía escribir en español sobre sus sentimientos y sobre lo que la rodeaba, en otra lengua iba a ser bastante complicado. En realidad quería primero aprender a escribir bien en su propio idioma, ya luego vería si se animaba por el inglés. Había también una maestría en literatura española e hispanoamericana, que no es que enseñara directamente a escribir novelas, pero tal vez estudiando a fondo a todos los grandes escritores que tanto la apasionaban, algo podría pegársele.

El tiempo pasó rapidísimo, era casi la hora de cierre, se dirigió a la fotocopiadora que había en una esquina de la sala y reprodujo los programas de las dos universidades y los datos de contacto de cada una de ellas. Empezaría con eso y otro día regresaría por más información.

En vez de volver a la oficina, Sofía decidió ir a comer a su casa; hacía tiempo que no iba entre semana. Al llegar, dejó sus cosas sobre un sillón de la sala, pasó al baño y después se dirigió a la cocina.

—¡Hola! ¿Cómo estás? —dijo Sofía dándole un abrazo y un beso a su abuela.

—¡Hola, hija! Muy bien. ¿Vas a comer aquí? —le contestó devolviéndole el abrazo y el beso.

—Sí, abue.

Salvo por el largo del cabello, la edad y la estatura, Sofía era prácticamente idéntica a su abuela paterna: delgada, cara alargada de rasgos afilados, piel muy blanca, cabello rizado y castaño, ojos claros —azules la abuela, azul-verdes los de Sofía—. El pelo le llegaba a la abuela a mitad del cuello; a Sofía un poco más abajo de los hombros. La nieta medía 1.65 m y su abuela cinco centímetros menos. La nariz de ambas era afilada, aunque la de la abuela era pequeña y recta, y la de Sofía era un poco más grande y con una ligera curva donde se apoyaban los lentes que usaba para trabajar en la computadora y para manejar de noche.

—¿Qué hicieron de comer hoy? —preguntó Sofía abriendo una de las ollas que estaban en la estufa.

—Sopa de fideo con caldo de frijol y entomatadas de picadillo —contestó la tía Gloria, que entraba en ese momento a la cocina.

—¡Ah, qué rico! ¡Hola, tía! —exclamó Sofía dirigiéndose a la puerta para darle un beso.

—Qué bueno que viniste, hija —dijo la tía devolviendo el beso a su sobrina.

—¡Sí, me escapé! ¿Comemos ya? Voy por mis infusiones que dejé en la sala —Sofía ya había hecho costumbre de cargar con lo que le había recetado Martín a cualquier lugar que iba.

—Te esperamos en el comedor —respondió la abuela.

Durante la comida Sofía habló de cualquier cosa, de su dieta, de su panza, de la acupuntura, menos de lo que ocupaba por completo su cabeza últimamente. No era momento aún para alarmar a la abuela con ideas de vivir en otro país. Además, seguro se lo comentaría a Joaquín y lo menos que necesitaba ahora era tener encima a su hermano sermoneándola. Ya les contaría cuando tomara una decisión y tuviera todos los detalles.

***

Esa tarde, en la oficina, se puso a revisar la información que obtuvo en la embajada. Escribió un par de correos electrónicos a las universidades preguntándoles datos más específicos de los programas de maestría que le interesaban, los requisitos para ingresar, colegiaturas, opciones y costos de hospedaje. Le parecía increíble que estuviera considerando la posibilidad de irse a otro país y de ponerse a estudiar otra carrera. A ver a dónde iban a parar las cosas.

***

Después de tres meses de intercambio de correspondencia electrónica y tradicional, llamadas telefónicas y presentar el examen de inglés TOEFL, finalmente la habían aceptado en las dos universidades canadienses.

—¿Qué haces aquí tan temprano? —le preguntó Joel, que entró sin hacer un solo ruido al área que compartían en la oficina.

—¡Uy, qué susto me diste! No te escuché llegar. Estoy revisando lo de las universidades.

—¿Ya te decidiste por alguna?

—Sí, me voy por la que me piden que haga un año propedéutico en el área de humanidades, en literatura principalmente; ya luego entraría a la maestría y serían tres años en total. En la otra universidad quieren que estudie el equivalente a una licenciatura y serían cuatro años.

—¿Cómo se llama la que escogiste?

—UBC, University of British Columbia. Me conviene por el tiempo y por el grado de los estudios.

—Te dije que una de mis hermanas vive en Vancouver, ¿verdad? ¿Quieres que le pregunte algo? ¿Dónde rentar, por ejemplo?

—Pues sí, por favor, para darme una idea de las zonas de la ciudad y del costo. Aunque creo que voy a llegar primero a una residencia de estudiantes. Ya me enviaron la información, hay varias, una de ellas es para estudiantes graduados y parece que tengo opción de entrar ahí aunque comience con el propedéutico.

—¿Y ya hiciste cuentas de todo? ¿Te va a alcanzar?

—En eso estaba cuando llegaste. Parece que sí, para casi cuatro años, según los datos que me dieron. Me voy a acabar prácticamente todo lo que tengo ahorrado, sin contar las acciones de la empresa, pero supongo que está bien aprovecharlo en algo que, en teoría, me va a beneficiar tanto en muchos aspectos.

—¡Exacto! El dinero va y viene, Sofía, la vida no.

***

Ya solo le faltaba a Sofía la visa de estudiante; el trámite tardaría, cuando mucho, dos meses, y esperaba tenerla antes de que acabara el año. El ciclo escolar en UBC iba de septiembre a abril, y luego empezaban los cursos de verano, de mayo a junio y de julio a agosto. Quería apuntarse en estos para iniciar el propedéutico. Tenía siete meses para prepararse, terminar el proyecto actual en su trabajo, comprar su boleto de avión, confirmar su estancia en la residencia, decidir qué se llevaría, preparar sus maletas... Y lo más difícil, avisarle a la familia.

Un sábado en la mañana aprovechó que la tía Gloria había salido al súper para hablar a solas con su abuela.

—Abue, ¿te acuerdas de que hace varios meses empecé a ir al psicólogo porque estaba muy estresada?

—Sí, hija, me acuerdo —contestó la abuela sin dejar de enjuagar el cilantro bajo el chorro del agua.

—Pues me ha servido mucho, sobre todo para decidir qué quiero hacer con mi vida de ahora en adelante.

—Fue por eso por lo que fuiste con el veterinario hace tiempo, ¿no? ¿Vas a dedicarte a curar animalitos ahora?

—No, abue, a eso no. Quiero ser escritora, y para eso tengo que aprender, quiero estudiar de nuevo —Sofía hizo una pausa y suspiró—. Me aceptaron en una universidad de Canadá para hacer una maestría y me voy a ir en abril.

—¡Ay, hija, no me digas eso! ¿Por qué tan lejos, tan solita? ¿Por qué no estudias aquí? —exclamó asustada, dejando el cilantro sobre la mesa central de la cocina y secándose insistentemente las manos con el mandil.

—Es la opción que más me acomodó, abue. Intenté en la UNAM, pero eso va para largo. Y, la verdad, se me antoja también irme un tiempo de México, vivir en un país del primer mundo.

—¿Y de qué vas a vivir, Sofía?

—Pues de mis ahorros, abue.

—¿Los ahorros que tenías para la boda y el departamento?

—Sí, esos —contestó la nieta bajando la vista—. De esos y de las acciones de la empresa. Verás que todo va estar muy bien. Será solo por un tiempo.

Habían pasado casi dos años desde la cancelación de la boda y el rompimiento de Sofía con su prometido, y aún le costaba un poco hablar de ello. En terapia se trató el tema en contadas ocasiones. Le había dolido mucho enterarse de que su novio andaba saliendo con una de sus amigas cercanas, y de que, al poco tiempo de haber terminado con él por ese motivo, se casaran. El lado bueno de aquel asunto era que todo ese dinero lo usaría ahora para algo que la entusiasmaba muchísimo, tanto o más que el compromiso fallido.

***

La abuela lo había tomado mucho mejor de lo que había imaginado Sofía, pero le faltaba decírselo a Joaquín; eso sí que sería difícil, tenía miedo tan solo de pensar en lo que le diría su hermano. Decidió llamarlo por teléfono, así no lo vería frente a frente cuando recibiera la noticia; ya cuando se encontraran en alguna comida familiar habría asimilado la novedad.

—¿Qué pasó, Sofía? ¿Cómo estás? Me dijo la abuela que me tenías una noticia.

—Ah, ¿te dijo? Pues sí —respondió Sofía haciendo una pausa—, que me voy a Canadá.

Se oyó un resoplido por el teléfono.

—¿Y qué vas a hacer a Canadá? —preguntó Joaquín después de un momento.

—Me voy a estudiar una maestría en literatura, ya me aceptaron en una universidad en Vancouver.

—¿Una maestría en literatura? Pero, ¿estás loca, o qué? ¿Por qué no una maestría en tu área o en administración o en algo que te ayude a crecer? —gritó Joaquín.

—Joaquín, ya no quiero seguir en mi área, no me gusta lo que hago, me asfixia. Quiero aprender a escribir, quiero ser escritora.

—¡Escritora! ¿Y se puede saber de qué piensas vivir? Los escritores se mueren de hambre, solo uno de miles puede vivir de lo que escribe. ¿Cómo puedes dejar una carrera en la que te va tan bien? Tienes prestigio y reconocimiento, ganas un muy buen sueldo, has invertido diez años en hacer tu camino en el campo, más el tiempo que te llevó estudiar la carrera y aquel diplomado. No puedes dejarlo así nada más, Sofía.

—Sí puedo, necesito hacerlo, sino sí que me vuelvo loca, Joaquín. ¿Qué no ves que cada día estoy peor de la colitis, más nerviosa, más histérica y deprimida? Me enfermo continuamente y me despierto sin ganas de levantarme. Eso no es vida, no quiero seguir así.

—Pues esfuérzate más, concéntrate en tu trabajo, pide un cambio a otro departamento, o cámbiate de empresa. Eso es lo que hay que hacer, el trabajo es el trabajo, así es la vida.

—No estoy de acuerdo con lo que dices. Por favor, trata de entenderme.

—No puedo entenderte. Primero cancelas la boda y ahora quieres cambiar tu carrera e irte a otro país. Estás desperdiciando tu vida, así no vas a llegar a ningún lado.

—Al menos espero llegar a ser feliz, aunque no llegue a ningún lado.

Durante unos instantes ninguno de los dos se atrevió a decir nada más.

—Bueno, me voy, tengo muchas cosas que hacer. Ya estás avisado.

—Luego hablamos, Sofía. No puedes hacer las cosas así.

—Ok. Salúdame a Irene y a los niños. *Bye.*

—Sí, yo les digo. Adiós, Sofía.

Esforzarse más, aguantar todo... Eso es lo que había aprendido Sofía hasta ahora, pero ya no creía que la vida se tratara de sentirse miserable e infeliz. Quería volver a disfrutar de lo que hiciera, tanto o más como le sucedió con la computación en su momento.

***

Tal vez era la última vez que Sofía visitaba el consultorio del psicólogo, al menos durante mucho tiempo. Era increíble lo fácil que había sido todo una vez que se había puesto a hacer los trámites, pero, ¿y si se estaba equivocando? Las dudas y el miedo la asaltaban continuamente, y más aún después de la conversación con Joaquín.

—No sé si estoy haciendo lo correcto, Gregorio.

—¿Lo correcto? ¿Lo correcto para quién? —le devolvió el terapeuta.

—¡Pues para mí!

—¿Qué es lo que temes?

—Equivocarme y que después ya no haya marcha atrás.

—Al decir "marcha atrás", ¿quieres decir que estás considerando que podrías regresar a la misma vida que has llevado este último año?

—¡No, por supuesto que no!

—¿Entonces?

—¿Qué pasa si me estoy equivocando de camino, si lo de escribir y la literatura no es lo mío?

—¿Y cómo piensas descubrirlo si no lo intentas?

—Es que todo salió de la nada...

—¡De la nada! ¿Realmente crees que esa sensación que tuviste y que me has descrito tan emocionada varias veces, salió de la nada?

—No..., no sé.

—Sofía, yo creo que a esta vida hemos venido para hacer lo que nos dicta el corazón, sus deseos son los que nos guían, los que nos indican para dónde tenemos que ir. Si tenemos la habilidad de escucharlos y la valentía de seguirlos, el universo se alía con nosotros y nos provee de todo lo necesario. Todo fluye casi como por arte de magia.

—Así de fluido ha resultado casi todo desde hace unos meses con los planes del viaje, pero nunca pensé en ser escritora...

—Tal vez no conscientemente, pero has ido descubriendo poco a poco tu atracción por ello. Primero está tu pasión desde muy niña por los libros y la literatura, luego las habilidades con el lenguaje que te señalaron en la orientación vocacional, lo que te dijeron en la lectura de los caracoles...

—Bueno, sí.

—Y, sobre todo, la confirmación tan fabulosa que tuviste en la meditación. Muchos, créeme, quisieran haber tenido el camino señalado de forma tan clara como tú.

—¿Y qué hace toda esa gente entonces?

—Se atreve a escuchar su corazón y a hacer caso a sus deseos, tiene una intuición o inspiración y eso es suficiente para que se decida a buscar la felicidad. Muchos otros se quedan con lo que "deben" hacer; es lo que aprendieron y, aunque no les guste, no lo cuestionan. Sofía, ya sabes lo que yo haría en tu lugar, pero solo tú puedes decidir qué hacer, es tu vida. El consejo que yo te doy es que recuerdes y sientas lo que experimentaste en la meditación. Después escoge si quieres buscar esa plenitud o prefieres quedarte haciendo "lo correcto"...

∞

L o primero era buscar casa. Era imprescindible encontrar un piso mucho más barato antes de que terminara el mes. Samuel ya estaba en Dinamarca, y Sofía no quería acabarse el dinero que le había dejado en un alquiler exorbitante. Más de 500 euros sería absurdo para una persona sola con un gato. Además, no sabía qué tipo de trabajo encontraría, cuánto le pagarían después de tanto tiempo de ocio. Bueno, la meditación, el *tai chi*, el yoga, el *reiki* y tantas otras cosas que había hecho durante los últimos años no habían sido ocio, sino crecimiento. Sofía había cambiado desde que salió de México, veía y entendía las cosas de otra manera, pero eso no le valía para mucho en estos momentos, porque no tenía una experiencia laboral reciente.

—Hoy voy a ver otro piso, cerca de la Sagrada Familia —dijo Sofía al teléfono.

—¿Cuánto piden por ese? —preguntó Samuel del otro lado de la línea.

—Quinientos veinte euros. Es lo máximo que podría pagar, lo más que quisiera pagar. Hay muy pocos departamentos de ese precio y están en condiciones terribles.

—Lo sé, Sofía. Los alquileres en Barcelona son caros. Acuérdate de que estuvimos viendo pisos hace nada y los de 700 de dos habitaciones eran una porquería.

—Sí, hace nada, cuando todavía querías compartir tu vida conmigo.

—¡Sofía! —se exasperó Samuel—. Ya hemos hablado de eso mil veces, no vuelvas a lo mismo, por favor.

—No vuelvo, simplemente me acordaba.

—Podrías compartir el piso con alguien, sería más fácil.

—Sí, sería más fácil, pero no quiero.

Sofía quería vivir sola, sin tener que darle cuentas a nadie, ni siquiera a Samuel. No podía imaginarse compartiendo su casa con personas extrañas, le parecía demasiado incómodo. Y podrían hacerle algo al gato, o dejarlo salir; Coco no sabía andar en la calle y se podría perder fácilmente. Algo tendría que aparecer.

El departamento de la Sagrada Familia no la convenció del todo. Estaba en un quinto piso sin ascensor, con unas escaleras tan estrechas que no veía por donde subirían la lavadora o el sofá. Por dentro estaba en buenas condiciones: las paredes recién pintadas, el techo era rústico con vigas de madera, el suelo con losetas también rústicas como de barro, el baño y el espacio de la cocina eran prácticamente nuevos. Había dos recámaras, una de tamaño pequeño y la otra miniatura, que serviría más bien como clóset. Tenía ventanas amplias que daban a un enorme patio interior de tejados y tendederos de ropa, pero no había balcón y a Sofía le daba una sensación de claustrofobia. Nada que ver con la vista al mar del piso de la Villa Olímpica que tanto habían disfrutado ella y Samuel desde que llegaron a Barcelona.

Visitó otro estudio, en Guinardó, de 460 euros, en el entresuelo del edificio, amueblado y completamente oscuro. Por supuesto, no tenía balcón. Vio uno más en esa zona que estaba recién remodelado: era un mini estudio en un sexto piso sin elevador. Pedían 470 euros. La escalera era mucho más amplia que en el de la Sagrada Familia y tenía una terraza enorme, que más parecía azotea, con vista a las montañas y a los tejados y antenas de los vecinos. Lo malo era que no cabía ni su cama, solo había espacio para una mesa y un sofá cama muy pequeños.

Fue también a ver un piso en el Poble Sec, el alquiler era de 525 euros. Eran las diez de la mañana y el barrio le pareció muy pintoresco, como pueblo. La calle donde se ubicaba el departamento estaba arbolada y tenía las aceras amplias, a diferencia de otras calles vecinas que las tenían estrechísimas. Era un edificio del año 1897, decía en la fachada. La puerta estaba abierta. Tocó el timbre del piso y una voz de hombre indicó que podía subir. Otra chica, que al parecer esperaba lo mismo, subió con ella. Las escaleras estaban en un estado deplorable, en ruinas literalmente. Subieron cuatro plantas.

Les dio la bienvenida un hombre panzoncito y medio calvo, vestido con un traje gris claro, corbata roja y camisa blanca. El vestíbulo era oscuro. La casa estaba llena de muebles viejos y de mil triques. Había una pequeña habitación a la izquierda de la puerta de entrada con una humedad impresionante que ennegrecía las paredes casi por completo. La cocina y el baño, a la derecha del vestíbulo, eran muy pequeños y parecían de casa de los años 60, con azulejos en tonos beige y naranja y las puertas de madera con cristal ámbar con grabado de bolitas. Sofía se volvió hacia el techo, y su mirada se encontró muy arriba con arcos y vigas de madera pintados de blanco. Después del vestíbulo, que en realidad parecía ser el comedor, había un pequeño pasillo, que a su derecha tenía un cuarto con un armario enorme que lo ocupaba todo, y que después desembocaba en una sala muy luminosa y amplia, con vista a un balcón y un gran patio interior. A la derecha del salón estaba una tercera recámara, que daba también al balcón y al patio, donde solo cabría una cama después de sacar los horribles libreros oxidados y los estropeados aparatos de televisión y música que se amontaban ahí, entre otros tiliches. Había mucha calma en esas dos habitaciones, a pesar del ruido que hacían unos electricistas con su taladro, tratando de cambiar cables de luz por toda la vivienda. La sensación agradó a Sofía. Tenía la impresión de estar en una casita de pueblo. Lo malo era toda esa basura, esas repisas destartaladas, las camas viejas y los colchones piojosos. El hombre les advirtió a ella y a la otra chica, que estaba muy preocupada por las humedades, que la inmobiliaria no iba a sacar esos trastos y que la humedad ya había sido controlada, solo se tenía que pintar.

El tiempo se le venía encima y Sofía tenía que tomar una decisión. Haciendo caso a su corazón, ya que su cabeza no la estaba ayudando mucho, eligió el piso del Poble Sec, que además era el más cercano al mar y estaba a un paso de Montjuïc, con sus frescas áreas verdes. Ya vería después cómo se deshacía de todos aquellos triques.

***

Una vez resuelto lo del departamento Sofía se enfocó en buscar trabajo, necesitaba recibir un ingreso fijo cada mes. Era cierto que, desde hacía un par de años, había estado como *free lance* escribiendo artículos que le encargaban y haciendo traducciones, pero esto era muy esporádico y lo que ganaba apenas le alcanzaba para darse algunos gustos de vez en cuando sin tener que pedirle dinero a su esposo. Y luego estaba el consultorio de *reiki*, que solo veía como una forma agradable de generar ingresos mientras escribía. Esa había sido una idea de Flor, su *coach* personal, con quien empezó a intercambiar sesiones de *reiki* por *coaching* cuando se le agotaron los ahorros que tenía desde que salió de México y ya no le pudo pagar de otra manera. Samuel apoyó la idea del consultorio.

¿Y qué esperaba entonces para escribir sus famosas novelas? Pues que el consultorio empezara a producir para dejar de sentirse como parásito de su marido. Además, no le quedaba tiempo, tenía muchas preocupaciones y pendientes con el *marketing*, la organización de cursos de *reiki*, preparación de material publicitario y educativo, tarjetas de visita, el logo y el nombre de la práctica. Una de las partes más complicadas fue lograr que Samuel sacara del estudio su escritorio y la enorme cantidad de libros y papeles que ahí acumulaba. Entonces pintó las paredes de amarillo, cambió las cortinas, compró una camilla y le dio a la habitación un aspecto de consultorio con su librero, escritorio y silla, la computadora, y una silla adicional para los pacientes.

Pero el consultorio no estaba funcionado como esperaba. Curiosamente, en su último viaje a México le pareció a Sofía que allá la gente estaba muy interesada en el *reiki* y todo lo que tuviera que ver con energía. No paró de dar sesiones, incluso hubo personas a las que no pudo atender por falta de tiempo. Dio también un curso del primer nivel al que asistieron diez personas y al menos cuatro más hubieran querido tomarlo. Ya sus alumnos mexicanos le pedían que regresara pronto a darles el segundo nivel. En España, en cambio, en un año había tenido muy pocos pacientes y apenas había dado tres cursos a cuatro personas; no cabía duda de que acá la gente era más escéptica, igual que su hermano.

Cuando Joaquín se enteró de lo del consultorio se inquietó y se alteró, sobre todo cuando supo exactamente de lo que se trataba: no concebía cómo alguien podía creer en curaciones con energía que supuestamente sale de las manos, y menos que su propia hermana, con toda la preparación que tenía, hubiera tomado cursos para recibir iniciaciones y aprender algo tan incierto. Le dijo que debería centrarse en una sola actividad en vez de andar probando poquitos por todos lados. En esto último tal vez tenía razón, pero lo único que pretendía Sofía era ser feliz haciendo lo que le gustaba. De alguna manera sentía que cada cosa que había hecho hasta ahora era un paso en esa dirección, aunque a veces pareciera que se alejaba diametralmente.

Y el *reiki* fue un descubrimiento maravilloso para Sofía, había aprendido muchas cosas. En el primer curso le explicaron que es una energía muy pura del universo que se puede utilizar para curar en lo físico, emocional, mental y espiritual aplicándola a través de las manos. A final de cuentas, el cuerpo y todo lo que se puede ver y tocar es energía, aunque más densa, vibrando a una frecuencia muy baja. Le había gustado tanto, que no se conformó con estudiar los dos primeros niveles, sino que hizo el tercero e incluso la maestría. Conoció los símbolos de esta técnica y cómo utilizarlos. También aprendió a iniciar a otros para que pudieran a su vez canalizar el *reiki*.

Sentir la energía pasando por sus manos era increíble, y más cuando el paciente se relajaba y terminaba la sesión con una sonrisa y un estado de ánimo fabulosos. Y le había tocado algún que otro milagro, como el de una de sus compañeras de estudios esotéricos, a quien ingresaron al hospital para quitarle una piedra de la vesícula. Sofía la visitó y entre las dos aplicaron las manos en el área afectada. Fue una sensación tremenda, un flujo de algo que entraba por la coronilla de Sofía y salía por sus palmas; nunca había vuelto a experimentarlo con esa intensidad. Obra o no del *reiki*, su amiga fue dada de alta el día que la iban a operar porque ya no le encontraron la piedra.

Fue por casualidad que conoció el *reiki*, a través de Ámbar, a quien acudió inicialmente para que la atendiera con kinesiología, en su consultorio del barrio de Santa Coloma de Gramanet, ahí en Barcelona. Era divertido e interesante ver cómo las cosas siempre acababan conectándose unas con otras. Esto de la kinesiología lo descubrió primero en Canadá y le había servido muchísimo con alergias, asma, miedos, incertidumbres, ansiedades...

∞

Sofía no llevaba ni un año en Vancouver cuando empezó a sentirse muy cansada, desanimada y sin energía para hacer cualquier cosa. Faltaban pocos días para que entrara de lleno el invierno y ya hacía frío, los días eran muy cortos y lluviosos, e incluso había caído una nevada ligera, la primera de su vida.

Raquel, la hermana de Joel, le recomendó con gran insistencia que fuera a una consulta de kinesiología aplicada. Sofía no tenía ni idea de lo que eso era, pero confiaba en su nueva amiga tanto como en Joel. Una vez que consiguió la cita, Raquel la llevó en su coche; el consultorio quedaba en Burnaby, lejísimos de la universidad, y no era nada sencillo llegar en transporte público.

La recepción del consultorio era toda azul, en diferentes tonalidades. Las sillas, la alfombra, las paredes, las persianas, el mostrador. La pasaron de inmediato, y Raquel se quedó fuera a esperarla, entretenida con una de las revistas de salud y bienestar que había en una mesita.

En el consultorio también predominaba el color azul en varias de sus gamas, salvo en la camilla, que era beige y estaba cubierta por una sábana blanca, y en un mueble con cajones, también beige, que tenía encima una cantidad impresionante de frasquitos.

La kinesióloga se llamaba Janice, tenía una mirada y una sonrisa muy dulces. Era blanca, de ojos café oscuros, y su cabello castaño y ondulado casi le llegaba a los hombros.

Traía un vestido entallado del mismo color de sus ojos y unos zapatos a juego de tacón medio. Lucía elegante y delgada. Le indicó a Sofía que dejara la chamarra sobre una silla que había junto a la puerta y las botas debajo. Hecho esto, Sofía se subió a la camilla con la ayuda de un banquito, se acostó y empezó a contar lo que le pasaba.

Janice escuchó atentamente y, en cuanto Sofía terminó la explicación, le tomó el brazo izquierdo, lo sostuvo en forma perpendicular al cuerpo de la paciente y le pidió que hiciera fuerza para mantenerlo así mientras ella hacía una serie de preguntas y empujaba el brazo en dirección a los pies. En ocasiones el brazo cedía irremediablemente sin importar toda la fuerza que Sofía estuviera haciendo; en muchas otras se mantenía firme. Hizo lo mismo con el resto de sus extremidades.

Lo siguiente fue explicarle a Sofía que a su organismo le faltaba luz para producir serotonina, una hormona que, entre otras cosas, afecta el estado de ánimo. No era extraño, le dijo, pues los días de los inviernos de Vancouver permanecían nublados y lluviosos durante semanas y no recibía la misma luz del sol a la que estaba acostumbrada en su país.

Había también un problema con el bazo —ese órgano enigmático del que solo había escuchado en la clase de anatomía, en la preparatoria—. Se trataba de un desbalance que provenía, al parecer, de un miedo muy profundo y era necesario equilibrarlo. Nuevamente, levantó el brazo izquierdo de Sofía y fue diciendo algunas frases a manera de preguntas mientras probaba su fuerza y, al mismo tiempo, Janice tocaba, con las yemas de los dedos unidas de la mano que le quedaba libre, el pecho de la paciente. Dejó el brazo un momento para tomar varios frasquitos de la cajonera y fue poniendo uno a uno sobre el pecho de Sofía mientras preguntaba en cada ocasión, a través de la fuerza del brazo izquierdo de la paciente, si era lo que necesitaba.

Una vez hecho el diagnóstico le dio a Sofía varias indicaciones. La primera fue que repitiera una frase relacionada con el miedo y, simultáneamente, golpeara suavemente sobre la parte alta de su esternón con las puntas de los dedos unidas de cualquiera de sus manos. Diez repeticiones, tres veces al día, le dijo, para estimular la glándula timo que ahí se encuentra. Además, le dio un par de botellitas con flores de Bach, para que cuatro veces al día tomara cuatro gotas de cada esencia bajo la lengua; le recetó también un medicamento homeopático, y, por último, que pusiera, al menos tres veces al día durante dos minutos, una linterna encendida sobre su frente, cerca de las cejas, en el tercer ojo, le dijo, para estimular la producción de serotonina.

En el coche, ya de regreso, Sofía le comentó a Raquel que todo aquello parecía muy extraño. Su amiga sonrió y le dijo que en realidad no lo era tanto si consideraba que el cuerpo almacena una gran cantidad de información de todo tipo que no está al alcance de nuestra conciencia, pero que la kinesiología puede consultar a través de pruebas musculares. Sofía no pudo más que asentir al recordar lo que había aprendido con la antigimnasia...

∞

Las primeras semanas en Canadá se le fueron a Sofía en habituarse a los horarios del comedor de la residencia, hablar a México, conocer Vancouver y el campus de la universidad, entregar algunos papeles que habían faltado, e inscribirse a las materias que cursaría durante el verano. Una vez que tuvo su horario, consideró que podría dedicar algunos momentos al ejercicio. Los últimos meses en México no había podido asistir a sus clases de aeróbics, y le urgía hacer algo, empezaba a sentirse tiesa y oxidada. Curioseando en el tablero de anuncios de la cafetería de la universidad, encontró una publicidad que le llamó la atención. Era sobre un curso de antigimnasia, en la que, al parecer, en contraposición con el ejercicio tradicional, se enseñaban movimientos que ayudaban a lograr una conciencia profunda del cuerpo y de las actitudes rutinarias, liberando y despertando cada músculo. Había clases por la mañana, no era caro y quedaba cerca de UBC.

***

Era francesa la mujer que enseñaba la antigimnasia. Se llamaba Cécile y era muy delgada, rubia, de piel blanquísima y mejillas rosadas. Recibió a Sofía muy amablemente y le dijo en qué consistían sus clases. También le explicó que los músculos guardan recuerdos y que los movimientos de la antigimnasia ayudan a liberar las emociones ahí almacenadas.

Antes de integrarse a un grupo, tendría que pasar por tres sesiones de masaje profundo que la misma Cécile le haría. Una vez terminados los masajes podría escoger la clase semanal en el horario que más le conviniera. Las clases y los masajes los daba en su estudio, un gran cuarto rectangular alfombrado, con espejos de piso a techo en dos de las paredes. En una esquina de la habitación había un montón de mantas dobladas y una caja con pelotas de diferentes tamaños y palos como de escoba. A pesar de que no pudo ver ninguna clase para hacerse una idea, Sofía decidió apuntarse y agendó de inmediato los masajes; no estaban de más y tenía la ventaja de que no había que pagar ninguna inscripción. Si no le gustaba no seguiría después del primer mes, aunque había un ciclo trimestral, le explicó la francesa, para cubrir los diferentes movimientos que aprenderían para todo el cuerpo.

***

Al hacer los masajes, Cécile se concentraba con gran fuerza en diferentes partes del cuerpo. Era muy agradable a ratos, pero muy doloroso en otros momentos, como cuando le masajeó los pies, en particular entre la planta y el empeine, muy cerca de los dedos chiquitos; tanto le dolió a Sofía, que levantó la cabeza para ver qué era lo que le hacía, pues parecía que le estaba clavando un cuchillo. A pesar del dolor, los masajes le sentaron muy bien, sintió que su cuerpo adquirió ligereza y una postura un poco más erguida.

***

Para las sesiones había que llevar ropa cómoda y descalzarse. Además de ella, había otros tres participantes: una mujer mayor, un adolescente y otra mujer como de la edad de Sofía.

Cécile guiaba a sus alumnos en cada movimiento como en una meditación. No se requería gran esfuerzo, aunque en ocasiones se producían sensaciones incómodas y emociones muy intensas. La mayor parte de los movimientos se hacían acostados sobre el suelo, a veces usaban una pelota suave que ponían debajo del cóccix, o un palo de escoba que acomodaban a lo largo de la columna, siempre con los ojos abiertos y prestando atención a la respiración y a cada sensación corporal. Otras veces, también acostados, con las rodillas flexionadas y las plantas de los pies asentadas en el suelo, hacían movimientos que involucraban la cadera, los brazos, los hombros, la cabeza, el cuello... También aprendieron a masajear los pies, usando las manos o una pelotita que friccionaban con la planta contra el suelo. Incluso hacían ejercicios para los ojos, a los que había que imaginar cayendo al fondo de un pozo. Las clases le gustaron mucho a Sofía, salía muy relajada y cada vez sentía su cuerpo más libre, más suelto.

De los libros sobre antigimnasia que Cécile les recomendaba, Sofía compró *El cuerpo tiene sus razones*, de Thérèse Bertherat y Carol Bernstein, en inglés, pues era difícil encontrar libros en español de este tipo de temas en las librerías. Ahí explicaban con detalle la teoría detrás de los movimientos e incluía muchos de los que hacían en las sesiones y otros que Sofía fue practicando en su habitación...

∞

D ía tras día revisaba las secciones de avisos de ocasión de diferentes periódicos, pero ningún empleo la satisfacía. En realidad no sabía en qué quería o podía trabajar. Como consultora en computación o en algo relacionado ni siquiera lo consideraba: estaba totalmente desactualizada después de cuatro años en Canadá, más los cinco que llevaba en España haciendo cosas que nada tenían que ver con eso. Y tampoco quería regresar a un trabajo así, de tanta responsabilidad y de horarios interminables. Tenía que definirse pronto y enfocar su búsqueda.

Alguna vez, en Canadá, una compañera de la universidad le dijo a Sofía que parecía secretaria, pues era muy organizada, ordenada, y siempre se acordaba de todas las fechas y pendientes. Tal vez por ahí podía empezar, como secretaria, recepcionista, asistente o algo similar. Tenía experiencia de trato con diferentes tipos de clientes y empresas, y sabía utilizar muy bien las herramientas informáticas. Su presencia era aceptable, aunque habría que buscar un sitio donde no fuera necesario usar tacones ni atuendos extremadamente ejecutivos; en España había visto a muchas chicas ir vestidas bastante relajadas a su trabajo. Sí, podía ser una buena opción, y el horario de trabajo se limitaría a su estancia en la oficina, con hora de entrada y de salida.

Dos semanas le llevó encontrar el trabajo que quería, y fue a través de sus conocidos en Barcelona. La contrataron como asistente de la directora de una empresa. Sonaba muy importante, pero la compañía apenas comenzaba y tenía solo dos empleados: la directora y ahora Sofía.

—Creo que es lo mejor que puedo hacer después de tanto tiempo de no trabajar en una oficina. El sueldo es aceptable, 900 libres. Y es una empresa enfocada al campo del crecimiento personal que tanto me interesa.

—Mientras estés a gusto, está bien —le decía Samuel al teléfono, no muy convencido.

—El contrato inicial es por tres meses, si no me gusta busco después otra cosa, ¿no crees?

***

Al segundo día de trabajar en la empresa, la directora cambió su actitud drásticamente y la reprendía y le gritaba por infinidad de motivos. En muchas ocasiones le llamaba la atención por anticiparse a los eventos y, cuando no lo hacía, también. Este comportamiento se volvió tan sistemático que Sofía empezó a dudar de su propia capacidad; era como si se hubiera vuelto tonta de pronto. Tal vez no era la persona más adecuada para ese tipo de trabajo, pero no había hecho todo lo que había hecho en la vida por ser estúpida o apática. No entendía nada de lo que sucedía.

Un par de semanas antes de la inauguración de la compañía, la directora contrató a un amigo suyo para que las apoyara. Dos días después de su ingreso el hombre ya recibía el mismo trato despótico por parte de la directora. Entonces le quedó claro a Sofía que el problema no era su inteligencia o falta de ella.

El primer curso que ofrecía la empresa como parte de los eventos de inauguración lo daba un estadounidense, John De Martini, y era sobre su método. A Sofía le permitieron tomarlo. Cada participante tenía que elegir un problema para trabajar durante el seminario. Luego, a través de un conjunto de preguntas muy estructuradas y una matriz para ir anotando las respuestas, se lograba llegar a la raíz del conflicto y se resolvían las percepciones desequilibradas de la mente. Sofía eligió su relación con la directora, que era lo que más la agobiaba en esos momentos. Las preguntas la fueron llevando poco a poco hasta un punto en el que se dio cuenta de algo terrible: ¡así había sido ella con Samuel! Las lágrimas salieron incontenibles de sus ojos, y las imágenes de cada día, desde que vivieron bajo el mismo techo, empezaron a pasar por la mente de Sofía. Ella criticando a los amigos de Samuel porque no hacían o decían lo "correcto". O al mismo Samuel por no buscar en su interior, por hacer lo que "debía" y no lo que su corazón le decía y, al mismo tiempo, criticándolo por no hacer lo que se "tenía" que hacer. Pobre Samuel. Había sido un acoso de años. No la sorprendía ahora que la hubiera dejado. Se sentía muy avergonzada y con mucho dolor por haberlo hecho sentir tan mal durante tanto tiempo. Aunque él también tenía su carácter e igualmente podría haber sido intolerante en muchas situaciones con ella, el punto era que Sofía estaba aquí, quería aprender, mejorar, dejar de sufrir y, por supuesto, dejar de atraer personas con esa misma actitud, o que simplemente ya no la afectaran.

Sabía que ningún encuentro era fortuito, de todos se aprendía, y más aún de los desagradables. En varios libros Sofía había leído que las personas funcionan siempre como espejos de los otros, y lo mismo le habían dicho en muchas ocasiones tanto Ámbar como Gregorio. Lo cierto era que nunca le había sido tan fácil y transparente identificar las similitudes como en esta ocasión.

***

Un día la directora llegó temprano y lo primero que hizo fue preguntarle a Sofía si estaba interesada en continuar en la empresa una vez que terminara el contrato temporal, para avisarles a los dueños que fueran preparando los documentos necesarios.

—Te agradezco que me lo preguntes, pero mis planes han cambiado y no podré seguir trabajando aquí después de que se cumplan los tres meses.

La directora la miró boquiabierta, no hizo ningún comentario y se fue a su despacho.

A la mañana siguiente, Sofía recibió un cheque por su liquidación y las gracias por participar. Era libre otra vez y sus planes no podían haber resultado mejor. En realidad, lo único que tenía en mente era salir de ahí lo antes posible y buscar un nuevo empleo.

Y lo consiguió pronto, como teleoperadora de soporte técnico en el *call center* de una empresa de servicios de telefonía, Internet y televisión por cable. No era el mejor puesto que había tenido en su vida, pero recibiría 700 euros mensuales por seis horas de trabajo, seis días a la semana. El horario era terrible, de las 4 p.m. a las diez de la noche, pero le dijeron que más adelante podría cambiarlo. Quizás no era tan malo, pues tendría tiempo de hacer otras cosas por la mañana, tal vez *reiki*, o escribir. Sin quererlo, la computación había resultado una buena opción.

***

Despertar y ver las paredes blancas manchadas de humo, de viejo y de humedad. Así iba a ser cada mañana hasta que se fuera el frío, llegara el buen tiempo y Sofía pudiera dejar las ventanas abiertas para que la pintura se secara. Desde su cama podía imaginarse cómo pintaría, qué herramientas necesitaría y cómo utilizaría la escalera medio destartalada que le habían dejado, pero que le permitiría llegar a tocar ese techo altísimo de casa antigua. Por 300 euros encontró quien quitara los horribles libreros empotrados y se los llevara junto con los demás triques que invadían todo.

A pesar de las paredes y de lo frío y húmedo que había resultado el departamento, Sofía se sorprendía a sí misma al descubrir que la mayor parte de los días su amanecer era gozoso y pleno. No entendía cómo ahora, que le faltaban muchas cosas y apenas le alcanzaba el dinero para llegar a fin de mes, encontraba tanta dicha al abrir los ojos. Era como si su vida fuera plena de repente. Nada tenía que ver con sus despertares malhumorados de cuando vivía con Samuel. Entonces tenía de todo: un piso en un barrio muy bueno a unos pasos del mar, el coche de lujo del trabajo de su marido, comidas frecuentes en restaurantes, idas al cine, paseos a diferentes ciudades y países; nunca faltaba comida en casa, y no tenía que preocuparse de si podría comprar una mermelada o cualquier otro antojo.

—Siento una alegría muy intensa con cualquier tontería —le contaba por *Skype* a Miriam, su mejor amiga en México—. Imagínate, me emociono cuando voy al súper y puedo comprar, sin tener que ponerme de acuerdo con nadie, un paquete de pasta, un jugo o lo que sea. Y luego, de regreso a la casa, cuando subo por la calle empinada jalando el carrito cargado, con los brazos y los hombros doliéndome, voy con una sonrisa en la cara y una felicidad inmensa en el corazón. Y así es con todo, es increíble, ¡es fantástico!

—¡Qué gusto oírte hablar así! Y qué ganas de sentirme igual, con tanto trabajo que tengo y tan harta que estoy a cada rato.

—Pues ya sabes el remedio: vuélvete pobre como yo —le dijo Sofía riendo.

—¡Ja, ja, ja! Sí, tal vez eso es lo que tengo que hacer, pero no me atrevo a dejar todo así de repente. No puedo.

Sofía tampoco hubiera podido dejarlo todo si hubiera seguido en el mismo círculo, en el mismo grupo de gente, con las mismas ideas de siempre. No se hubiera atrevido. Tal vez por eso haber salido de su país había sido lo mejor. Inconscientemente rompió con todo lo que la limitaba. Sin gente conocida alrededor podía hacer cosas nuevas sin que alguien dijera: "nunca habías hecho algo así", o "te desconozco". Tal vez no era tan valiente como a veces le habían dicho. Alguien valiente haría lo que quisiera sin huir ni esconderse. No obstante, este pensamiento era fugaz, y Sofía sabía que escapar había sido la mejor opción para ella...

∞

Haberse ido a vivir con Samuel sin estar casados era una osadía. ¡Si se enterara la abuela, Joaquín, o cualquiera de las amistades en México! Era increíble que con casi 34 años tuviera que preocuparse y esconderse por algo así, que en realidad no tenía importancia. ¿Qué más daba un papel? Para los trámites de cambio de su visa de estudiante a una de residente era importante, pero para la vida diaria era irrelevante. De cualquier forma, pronto se casarían —incluso por la iglesia, por insistencia de la abuela—, en cuanto llegaran las vacaciones de diciembre para viajar a México. Mientras, para explicar el nuevo número de teléfono, se le ocurrió inventar que habían reestructurado el sistema telefónico de la universidad para hacer transferibles las líneas a toda la ciudad. Después de casados diría que habían decidido llevarse ese número a la nueva casa.

Samuel vivía frente al parque de la playa de Kitsilano, una zona bellísima, con muchas casas de madera de tejados inclinados y pocos edificios, la mayoría de no más de cuatro pisos. El vecindario era una mezcla de *hippie* y ondas alternativas, pero también muy gustado por profesionales jóvenes, parejas mayores retiradas y familias con niños pequeños. Había infinidad de restaurantes de todo tipo, un súper de productos orgánicos, muchos cafés, una panadería con una variedad asombrosa de panes y pasteles, bancos y un par de pequeños supermercados convencionales.

El departamento era pequeño pero muy bonito, con un balcón con vista al parque, al mar y a las montañas. La sala-comedor tenía un gran ventanal que compartía la vista del balcón. Había ahí una chimenea de gas que calentaba muy bien todo el lugar. Tenía lavadora y secadora, cocina equipada y un mini clóset de visitas, que usaron para guardar chamarras y suéteres. El clóset de la única recámara no era suficiente para la ropa de los dos y tuvieron que comprar un armario. Por suerte, había también un gran espacio de almacenamiento en el estacionamiento subterráneo, donde guardaron todo aquello que no usaban cotidianamente, como libros que no cabían en el librero de la sala, maletas y herramientas, además de las bicicletas.

Sofía estaba feliz en Vancouver, en especial en verano, cuando le parecía estar en un paraíso. Por otro lado, ya había terminado el propedéutico y empezado la maestría, aprendía muchísimo, disfrutaba las clases enormemente y sus notas eran cada vez mejores. Y, lo más increíble e inesperado, estaba enamorada de un hombre tierno, cariñoso, protector y guapo que le correspondía en la misma medida. ¿Qué más podía pedir?

∞

Trabajar en el *call center* no estaba mal, pero tampoco era la gloria. Resultaba muy estresante contestar el teléfono decenas de veces cada día para escuchar clientes furiosos que no podían ver el partido del Barça, llevaban días sin teléfono, su conexión de Internet estaba lentísima o de plano no se podían conectar. Tuvo suerte de que a los dos meses la cambiaran a un proyecto nuevo para atender las zonas de Galicia y Navarra, que tenían muchos menos problemas técnicos y en las que los clientes, en consecuencia, eran más amables. Además, le dieron el horario matutino, con lo que sintió que su vida regresaba un poco a la normalidad que conocía.

Como el volumen de llamadas en el nuevo proyecto era menor, Sofía y sus colegas se ponían a navegar en Internet para matar el tiempo, a escondidas de los supervisores.

—Quiero un trabajo en el que me paguen por escribir, con salario fijo —le comentó a su compañero de al lado mientras revisaba los avisos de ocasión electrónicos de diferentes diarios.

—Si encontrás uno así, avisá, que yo también quiero —le contestó Adrián.

En contra de todas las probabilidades y para sorpresa de su amigo, pronto apareció el anuncio esperado: solicitaban redactor o redactora en una editorial, ahí mismo, en Barcelona.

***

La editorial se encontraba en el octavo piso de un edificio cerca de Plaza Universidad. Llegó con diez minutos de anticipación a la entrevista. La recibió una chica rubia menudita de pelo muy lacio y un fuerte acento catalán. Al parecer estaban todavía con el candidato anterior. Le pidió que la siguiera del pequeño vestíbulo al área central, donde había dos escritorios y apenas espacio para transitar, y de ahí a una habitación contigua, en la que había una gran mesa ovalada, que ocupaba prácticamente todo el espacio, con varias sillas a su alrededor. La chica le indicó muy amablemente que se sentara a esperar.

Al cabo de un momento escuchó una voz masculina despedir a una mujer de acento argentino. Que ya le avisarían cuando tomaran una decisión, decía el hombre. Este apareció en seguida en la sala en que esperaba Sofía y se presentó. La llevó a un cuarto del otro lado del área central que tenía varios escritorios y computadoras, además de un librero enorme con una gran cantidad de revisteros repletos. Todo se veía viejo y gris.

La entrevista fue breve, lo que tardó más fueron las pruebas que le hicieron en la computadora: de lectura de comprensión, redacción e inglés. Que ya le avisarían, le dijo el hombre también a ella al despedirla.

***

Cuando le hablaron para decirle que la habían elegido, lo primero que le preguntaron fue si tenía todos los documentos necesarios para trabajar en el país. Al parecer, la persona que había sido la primera opción no los tenía.

La contrataron por tres meses inicialmente y, si todo iba bien, le extenderían el contrato a un año. Su trabajo consistía en leer noticias de diferentes fuentes, para después unificar y redactar notas para las revistas de la editorial, dirigidas al sector textil y al de electrodomésticos.

¡Era increíble tener un salario fijo por leer y escribir! Aún no estaba trabajando en sus novelas, pero ganaba dinero escribiendo y se divertía, a pesar de que los artículos no eran sobre un tema que la apasionara. Parecía que sus esfuerzos de tantos años para cambiar de carrera por fin estaban dando resultados concretos, más allá de lo que había logrado como *free lance*. Los talleres de escritura a los que asistió a su llegada a España le habían servido muchísimo; fueron dos años de compartir escritos y opiniones con las otras participantes y con las mujeres que los dirigían, que eran siempre muy acertadas en sus observaciones. Igualmente, su estancia en Canadá había sido una época muy valiosa de aprendizaje...

∞

El primer verano no hubo materias del departamento de español, así que Sofía se inscribió en dos que le interesaron del departamento de inglés; no quería esperar hasta septiembre para iniciar el propedéutico. Lo que la asustaba un poco era que, obviamente, tendría que presentar ensayos en inglés, pues, aunque lo entendía y leía perfectamente, no era lo mismo que escribirlo y menos de manera, por así decirlo, profesional. La profesora de una de las materias fue muy precisa en cómo calificaría: dos ensayos, dos exámenes y una larga lista de libros que habría que leer. Casi lo mismo pedía el profesor de la otra asignatura, pero de manera más amable y, al parecer, menos estricta.

Lo de leer libros era pan comido para Sofía y le encantaba; lo difícil eran los trabajos escritos. Los primeros ensayos que entregó fueron terribles. Por un lado, no tenía ni idea de cómo lograr la estructura que pedían, a pesar de que se la explicaron con gran paciencia ambos profesores. Y, luego, su inglés escrito era francamente muy básico. La profesora fue muy dura en su evaluación: le dio una D menos; el profesor había sido más suave, le otorgó una C a secas. A pesar de lo mal que se sintió, reconoció que las observaciones que le hicieron eran muy útiles para entender lo que se esperaba de ese tipo de trabajos.

Tenía que hacer algo más para mejorar. Se le ocurrió que tal vez le serviría tomar alguna clase del departamento de escritura creativa, pero los cursos ya habían empezado hacía un mes y, sobre todo, era lógico suponer que quienes entraban a esa área sabrían escribir muy bien. Acudió al tablero de avisos de la cafetería y ahí encontró varios anuncios de gente que corregía y editaba ensayos, pero su idea era aprender, no que le hicieran el trabajo. Descubrió uno que ofrecía un taller de escritura para mujeres; tomó los datos de contacto y regresó apresurada a su habitación en la residencia para llamar y obtener más información.

***

El taller se daba en Kitsilano, relativamente cerca de la universidad, en una casa frente al parque de la playa. Había comenzado a principios de mayo, duraría tres meses en total y se impartía los miércoles durante un par de horas por la mañana; se acomodaba perfectamente a los horarios de Sofía. Le permitieron unirse pagando solo los dos meses que restaban. Melissa era quien impartía el taller, era escritora y ahí vivía. Era una mujer muy simpática y alegre, de unos 50 años. Llevaba el cabello muy corto, de color rubio platino, que hacía resaltar sus ojos oscuros; era alta y robusta. Tres mujeres más tomaban el taller: una un poco más joven que Melissa, otra unos años mayor que Sofía y una señora que tendría alrededor de 60 años.

En el taller, Melissa presentaba en cada ocasión algún tema sobre escritura, consejos, bloqueos, y después les asignaba determinado tiempo para escribir. Cuando terminaban leían sus textos por turnos y recibían los comentarios de las demás. Sus compañeras en verdad escribían muy bien, era un deleite escuchar sus historias; aparte de que el inglés era su idioma, llevaban ya varios talleres con Melissa y se notaba que les había servido de mucho. Al principio, a Sofía le daba vergüenza leer sus escritos, pero los comentarios que le hacían, además de certeros y útiles, eran muy amables y dulces.

***

No estaba segura de que el taller le fuera a servir mucho para mejorar en sus ensayos, pero sentía que era un paso muy importante para lograr su objetivo de convertirse en escritora algún día. Melissa le recomendó *Writing Down the Bones*, de Natalie Goldberg; *Becoming a Writer*, de Dorothea Brande, y *The Art of Fiction*, de David Lodge, unos libros sobre escritura que Sofía encontró muy útiles e inspiradores. Le sugirió también que cada mañana escribiera sus "páginas matutinas", en el idioma que ella quisiera; la idea era volcar ahí todo lo que ocupara su mente en ese momento, sin preocuparse en absoluto por el estilo. Era una buena práctica, le dijo, no solo para escribir, sino también para liberar emociones. A Sofía le gustó y adquirió el hábito, en español; de verdad funcionaba, era como quitarse de encima una carga, o infinidad de ellas...

∞

A pesar de todos los aparentes infortunios que Sofía había padecido en los últimos nueve meses, de haberse sentido al borde del desamparo y de haber llegado varias veces a fin de mes sin dinero en la cuenta de banco, nunca le había faltado ni techo, ni comida, ni ropa. Mucho menos cariño. Cuando no la apoyaba Lorena, su amiga mexicana, con la mudanza y escuchando sus pesares sobre la separación de Samuel, ahí estaban Adrián y su esposa, los argentinos, invitándola a comer a su casa o cuidando a Coco cuando lo necesitaba. O su amiga alemana, o la francesa, o las españolas. Y si no, por teléfono o *Skype*, siempre podía contar con Miriam, con su abuela, su tía Gloria, su prima Ana, e incluso con Joaquín, Irene y los niños. El mismo Samuel no dejaba de estar al tanto de ella.

Lo que le llamaba mucho la atención era que siempre había tenido lo mínimo que había pensado que necesitaría. Desde el dinero que le dejó Samuel para hacer la mudanza y para sobrevivir varios meses, luego el trabajo de secretaria y la indemnización que le dieron, el trabajo de teleoperadora con su gran flexibilidad de tiempo y su bajísimo salario y, ahora, su nuevo y flamante empleo como redactora con un salario "normal".

Tenía que admitir que el hecho de quedarse sola era algo que había fantaseado muchas veces cuando Samuel y ella se enojaban, cuando Sofía no soportaba más la manía de su marido de acumular papeles, cuando se histerizaba por sus prisas y su querer ir siempre corriendo, porque absolutamente todos sus planes surgían a última hora, porque los fines de semana siempre hacían las actividades que a su marido le apasionaban y Sofía detestaba: ir a esquiar o a bucear, pasarse el día entero en un centro comercial, desvelarse hasta las tantas de la madrugada en un bar repleto de humo, ruido, gente y conversaciones aburridísimas. Entonces, furiosa, se imaginaba que Samuel la abandonaba y ella sufría como mártir por las injusticias de la vida y se desquitaba, en sus visiones, haciendo todo lo que siempre había querido hacer, pero que nunca se atrevía porque su pareja no quería compartir con ella esas actividades.

Samuel la dejó tal como ella imaginó mil veces. Iba a ser cierto aquello de "ten cuidado con lo que pidas porque se te concederá". Vista así, la verdad es que la tragedia desaparecía por completo. De ahora en adelante tendría más cuidado y, mejor aún, ya no se limitaría a pedir o a imaginar lo mínimo, sino lo que realmente deseaba con toda la grandeza que eso implicara. Sí, así lo haría, se juró a sí misma mientras, cómodamente sentada en su sofá con Coco, disfrutaba del helado alemán de chocolate que se había comprado ese día en el súper.

Además, tenía que admitir que en los peores momentos que padeció sentía también una inmensa alegría por estar empezando una nueva aventura, que borraba de su vida el letargo de los últimos dos o tres años en compañía de Samuel y la llamaba a retomar sus pospuestos sueños de escribir. Era curioso eso de sentirse la más miserable y al mismísimo tiempo sentirse la más feliz del universo. ¿Quién le había dicho eso de que los chinos tienen una sola palabra para definir crisis y oportunidad? ¿Había sido su *coach*? No se acordaba, pero ella se consideraba la prueba viviente de que, en efecto, eran una misma cosa.

El verano, el piar frenético de las golondrinas y las paredes recién pintadas de blanco habían transformado su sala en un lugar muy agradable. Tanto, que incluso se sentía a gusto escuchando de fondo la mezcolanza de la música de los paquistaníes del piso de abajo, el merengue de los colombianos de alguna de las viviendas que daban al patio y las clases grabadas de castellano de los vecinos chinos del departamento frente a su balcón.

***

Sofía no tardó en pedir más cosas. Desde hacía tiempo, cuando aún vivía con Samuel, tenía ganas de vivir en Sitges, un pueblito medieval a la orilla del mar, a cuarenta minutos en coche al sur de Barcelona. A su marido eso no lo atraía, él era feliz en la gran ciudad y, además, su trabajo estaba ahí.

Lorena le comentó que la hermana de un amigo suyo administraba algunos edificios, propiedad de su suegra, y había escuchado que tenía uno en Sitges. Los alquileres en ese pueblo eran mucho más caros que en Barcelona, por ser un lugar de veraneo muy visitado, pero no estaba de más preguntar.

—El alquiler de los pisos es de 450 euros —le contó Lorena la siguiente vez que se vieron para tomar un café en una terraza cerca de Plaza Cataluña—. Y parece que pronto se va a desocupar uno.

—¡Son casi 100 euros menos de lo que pago acá! ¿Pues cómo estarán?

—Eso no me dijo, pero sí que te diera su número de teléfono para que te pusieras en contacto con ella.

La administradora le explicó a Sofía que tal vez en un par de meses tendría un piso disponible —la inquilina actual se iba a estudiar a Valencia—, pero que no le podía dar una fecha precisa. Sofía quería mudarse pero no le urgía, todavía no cumplía el año en el departamento del Poble Sec y no quería pagar penalización a la inmobiliaria por salirse antes. Además, tenía que investigar los horarios de los trenes, el costo del billete mensual, los precios de las mudanzas y ver si le alcanzaría para todo.

Pasaron tres meses y no había noticias de que se desocupara aún el piso en Sitges, pero Sofía estaba decidida a mudarse a ese pueblo. Consiguió la dirección del departamento que esperaba, al menos para conocer por fuera el edificio y comparar con otros para ver si valía la pena seguir esperando, y se fue para allá un sábado.

El edificio del contacto de su amiga estaba en una esquina muy bien ubicada, a siete minutos andando de la estación de trenes, a cinco del centro del pueblo y a cinco también de la playa. Parecía estar en buenas condiciones y tenía muchos balcones. Después se fue a caminar por las calles a buscar otros lugares de alquiler. La mayor parte de los pisos que encontró a su paso los alquilaban solo por temporadas cortas y muchos se salían de su presupuesto. Los de las agencias inmobiliarias eran aún más caros, pero igualmente dejó sus datos en una de ellas para que la llamaran por si algo aparecía.

En su camino de regreso a la estación encontró uno en el centro, en una casa antigua e impecable. El departamento quedaba en el último piso y tenía una terraza enorme y preciosa, con un pedacito de vista al mar. Estaba a tres minutos caminando de la playa y a unos quince de la estación. El alquiler era de 500 euros. El único detalle era que había más terraza que vivienda, con solo una cocina y una recámara muy pequeñas. En verano ese lugar sería fabuloso, pero en invierno ya se veía Sofía confinada a un espacio interior minúsculo. No obstante, era una opción dentro de su presupuesto si no se resolvía pronto lo del piso que esperaba.

Como si su visita a Sitges hubiera desatorado las cosas, a la siguiente semana le avisaron que, ahora sí, se desocupaba el departamento.

—¡Genial! ¿Cuándo puedo ir a verlo?

—La chica deja el piso el sábado, puedes mirarlo ese mismo día, mientras ella termina su mudanza. Yo le digo que irás —le dijo la administradora por teléfono.

El piso quedaba en el tercer nivel del edificio. Era muy luminoso, con un balcón alargado que hacía esquina y daba tanto al salón como a la recámara. Estos dos espacios eran muy amplios. El suelo era color rojo, como si fuera de barro. Algunas paredes estaban pintadas en colores muy llamativos que encantaron a Sofía: amarillo y verde en el salón, rosa claro y rosa oscuro en la recámara. La cocina era anticuada y pequeñísima, e incluía una parrilla eléctrica de dos hornillas en lugar de estufa y un refrigerador diminuto. En el baño había una lavadora que era del piso, le aclaró la chica. Además de todo esto, había una chimenea en el salón.

—¿Funciona?— preguntó Sofía emocionada.

—Sí, la he encendido el pasado invierno, aunque le vendría bien deshollinarla.

Sofía quedó fascinada, firmó el contrato de arrendamiento y en tres semanas ya estaba viviendo en Sitges.

***

Estaba por cumplir el año en la editorial cuando, una tarde, su jefe la llamó para decirle que no le renovarían contrato, pues era muy lenta para escribir.

—Pero si siempre acabo a tiempo con todas las notas que me pasan. Si no escribo más es porque no me dan más.

—Será que entonces no necesitamos más ese puesto.

La noticia sorprendió un poco a Sofía, aunque no le desagradó del todo, pues llevaba ya unos meses sintiéndose atrapada en su trabajo. El ambiente era muy rígido, prácticamente no se hacían comentarios ni se charlaba, a menos que alguno de los jefes iniciara la conversación, y muy rara vez lo hacían. Por otra parte, hacía poco les habían avisado que les quitarían el descanso de quince minutos que tenían cada día por la mañana, porque por ley no era obligatorio y la empresa ya no estaba dispuesta a regalarles ese tiempo. Sofía discutió esta decisión mientras que sus dos compañeras se mantuvieron al margen. En otra ocasión la reprendieron porque le pidió jabón a su jefe para lavarse las manos. Que no era esa responsabilidad de él, que no tenía por qué abrumarlo con ese tipo de peticiones, le dijo al día siguiente la responsable del mantenimiento de la oficina.

—Pero si solo le pedí que me prestara un poco de jabón de su baño. Usted no estaba ese día y necesitaba lavarme las manos. De hecho, llevábamos varios días sin jabón y usted no había estado en la oficina.

Y hubo otros detalles, como su cambio a Sitges, al que siguieron la anulación del tren expreso a Barcelona y las reparaciones ferroviarias que hicieron muy incierto el paso de los trenes una semana después de la mudanza de Sofía. Por más temprano que saliera, no pudo evitar llegar tarde varias veces durante toda una quincena, hasta que se normalizó de nuevo el horario. También pidió permiso en diciembre para ir a México —había conseguido un boleto baratísimo y llevaba casi dos años sin visitar a su familia—, algo inusual en la pequeña empresa. Pagó a su regreso las vacaciones extemporáneas trabajando tiempo adicional durante varias semanas, pero eso provocó que su jefe tuviera que quedarse con ella, ya que las empleadas, por lo general, no podían estar a solas en la oficina sin la presencia de alguno de los tres jefes-dueños. Definitivamente, Sofía alteraba el riguroso orden de la editorial y resultaba demasiado rebelde e impredecible para la compañía.

—Puedes aplicar al paro —le dijo Neus, la secretaria, mientras descendían en el ascensor a la hora de la salida.

—¿De verdad? —preguntó Sofía asombrada.

—¡Claro! —respondió Montse, la diseñadora—. ¿Cuánto tiempo llevas currando?

—Pues... —hizo cuentas Sofía—, año y medio, incluyendo este trabajo y los dos anteriores.

—Son unos seis meses de paro —calculó rápidamente Neus—. Y yo creo que te tocan como 700 u 800 mensuales.

—¿Tanto? —dijo Sofía incrédula.

Eso sí que no se lo esperaba, era una excelente noticia. Podría buscar trabajo con calma y, tal vez, hasta tener algunos días de vacaciones pagadas.

***

Para los trámites del paro fue a Vilanova i la Geltrú, un pueblo a diez minutos en tren al sur de Sitges, donde se encontraban las oficinas que le correspondían para arreglar estos asuntos. La fila era larguísima y tuvo que esperar casi una hora a que le tocara su turno. Por suerte, llevaba todos los documentos que se necesitaban y le resolvieron de inmediato. Recibiría 820 euros mensuales durante seis meses, tendría que acudir a todas las entrevistas de trabajo que le indicaran y presentarse en esas mismas oficinas cada mes. ¡Era perfecto!

Ahora su idea, además de buscar trabajo en una editorial que estuviera en Sitges o en algún pueblo cercano —tendría que haber alguna, se decía—, era descansar unas semanas y disfrutar de su casa, del bellísimo pueblo, del buen tiempo y del verano que estaba ya muy cerca. Podría también ponerse a escribir y a hacer ejercicio de nuevo, tal vez correr, o *jogging*, que le parecía ideal con la larga y hermosa playa que tenía a su disposición y que no le iba a costar ni un solo centavo, a diferencia del yoga o el *tai chi*, por los que había que pagar cuotas mensuales para tomar clases.

Casi el único ejercicio que había hecho Sofía desde que Samuel se fue era caminar y caminar; le gustaba, y siempre que podía evitaba el transporte público. Sobre todo lo hizo cuando trabajaba en la editorial y vivía en el Poble Sec; hacía 40 minutos andando, unos diez minutos más de lo que hacía en metro, contando las conexiones y el tiempo que le tomaba llegar a la estación y andenes y luego a su destino. La bici la olvidó entonces, ya que, a diferencia del departamento de la Villa Olímpica, en ese piso no había estacionamiento ni ascensor, y era complicadísimo bajarla y subirla cuatro niveles por las escaleras del viejo edificio.

Seguía haciendo también, de vez en cuando, algunos movimientos de antigimnasia, de *tai chi* y una que otra postura de yoga *Iyengar*, que le servían para mantener su cuerpo flexible. Este yoga lo conoció por un compañero de trabajo de Samuel, y lo practicó por un poco más de un año desde su llegada a Barcelona. Le había gustado mucho, en comparación con otros tipos de yoga que había visto, porque cada postura requería gran precisión y concentración. Al final de cada clase, Sofía salía muy tranquila y con mucha energía y, al día siguiente, le gustaba sentirse adolorida de músculos que antes no tenía ni idea que existieran. No obstante, abandonó el yoga cuando descubrió en la ciudad el club del *tai chi* que había practicado en Canadá por varios años...

∞

Llevaba más de seis meses con la antigimnasia y le había servido mucho, pero tenía ganas de hacer algo con un poco más de acción, sin llegar al extremo de los aeróbics. Un compañero de la universidad le sugirió que probara con el *tai chi*; él practicaba este arte marcial en un club en el centro de la ciudad, le parecía que era muy bueno, además de barato, y tenían muchos horarios de clase.

Un sábado por la mañana Sofía se presentó en las instalaciones; el club quedaba en el tercer piso de un edificio antiguo de la calle de Hastings, al lado de un lugar donde daban de comer a los *homeless*, los indigentes de la ciudad.

Estaba terminando una clase y empezaría otra en seguida. Se quedó a observarla desde el vestíbulo. Había cerca de veinte participantes en una sala muy grande. Todos miraban al frente, a una pared con espejo a todo lo alto y ancho. Era como en varios documentales que había visto sobre China, en los que sale un grupo enorme de gente haciendo los mismos movimientos, como en una tabla gimnástica, de manera muy suave y sincronizada. Era taoísta el *tai chi* que ahí enseñaban, según explicaban en los folletos que tenían en una mesita en la entrada. Se trataba de una asociación sin fines de lucro fundada en Canadá varios años atrás por el maestro Moy, de origen chino. Tenía sedes en diferentes ciudades del mundo, y las cuotas de los socios eran utilizadas para cubrir los gastos de mantenimiento de los locales y de publicidad.

Se inscribió ese mismo día y asistió el siguiente sábado con los principiantes que habían comenzado dos semanas antes. El objetivo de esta clase era aprender todos los movimientos y su secuencia, para luego incorporarse a las clases regulares en las que se perfeccionaban los movimientos. El instructor de su grupo era Kevin, un chico chino-canadiense, estudiante de UBC, de apenas unos veinte años, muy simpático y paciente con sus alumnos. Todos los instructores del club eran voluntarios y miembros del club, y participaban en las clases igual que los demás cuando no les tocaba enseñar.

Hacer *tai chi* resultó muy divertido y relajante; era como si, al finalizar cada clase, hubiera asistido a una sesión de masaje muy suave y efectivo. Sofía se aficionó y, al poco tiempo, se compró el manual con todos los movimientos para tener una guía y poder practicar en casa. En el manual también explicaban con detalle la historia de este tipo de *tai chi*, del club y de su fundador, además de todos los beneficios de esta disciplina para cuerpo, mente y espíritu...

∞

L a rutina del *jogging*, más abdominales, lagartijas y otros ejercicios que hacía en la playa iba perfectamente, pero de la escritura, nada. ¿Por qué no se ponía a escribir ahora que tenía tiempo y recibía lo del paro mes tras mes? No sabía. Flor había intentado mil y una técnicas y ejercicios de meditación de todo tipo, incluso le había asignado infinidad de deberes, pero Sofía simplemente no escribía. De repente tenía breves episodios de ánimo para ello y hacía pequeños avances en sus proyectos. Después pasaban cosas, como que hacía demasiado calor, o tenía que ir al súper, o hacer ejercicio, o ponerse a buscar trabajo, o llevar a Coco al veterinario, y lo de escribir no acababa de cuajar. Se necesitan 21 días de repetición para que se forme un hábito, le decía Flor, pero Sofía no pasaba de tres. Que si la computadora tenía virus o ya tenía problemas de *hardware*, que si el teclado de la *laptop* que le regaló Samuel no era muy cómodo para escribir largo rato, y así mil excusas. Flor llegó a desesperarse; no se lo dijo a Sofía, pero se notaba en su actitud y en que dejó de buscarla tanto como acostumbraba. Y Sofía no sabía qué hacer, estaba más allá de ella, no lo podía comprender. Era como si tuviera miedo de algo. ¿De fracasar? ¿De tener éxito? O como si no mereciera hacer lo que más deseaba y estaba segura de que la haría feliz.

No obstante, el *coaching* le había servido para mucho, al igual que todo lo que antes había hecho, como las terapias con Gregorio. Se suponía que, a diferencia de la psicoterapia, el *coaching* no entraba en los problemas de la infancia o del pasado, sino que, a partir del momento presente, se consideraban todos los elementos que se tenían, se planteaba a dónde se quería llegar y se definía cómo llegar a esa meta. A Sofía la había ayudado para trabajar diferentes aspectos de su vida, como descubrir y enfrentar su adicción a la televisión, su falta de disciplina, o su forma de relacionarse con Samuel, por ejemplo, entre una larga serie de cosas. Habían sido más de tres años de ver a Flor y sabía que había hecho grandes avances y descubrimientos sobre sí misma, sus miedos y sus motivaciones. Además, después de cada sesión de *coaching* —igual le había pasado con Gregorio en México— se sentía muy segura y con claridad para seguir adelante; era como si la sacaran de un atolladero del que ella sola no veía por dónde salir.

Ahora que casi no veía a Flor, meditaba dos veces al día sin fallar, veinte minutos en cada ocasión; lo necesitaba. Hacía ya varios años que la meditación se había convertido en una parte muy importante de su rutina...

∞

L eyendo el periódico una mañana de domingo en el balcón del departamento —después de desayunar unos huevos benedictinos con Samuel en un restaurante a la vuelta de la esquina—, Sofía se encontró con una entrevista a Deepak Chopra, un médico estadounidense de origen indio, que hablaba sobre la salud, la alimentación y el bienestar. Le pareció muy interesante lo que enseñaba este hombre, y ese mismo día compró uno de sus libros, *Salud perfecta*, en inglés, en la librería del centro de Vancouver que ella y su pareja acostumbraban visitar de vez en cuando los fines de semana. En el libro se explicaba de manera general la medicina ayurvédica, una ciencia de India de miles de años de antigüedad, que clasifica a la gente por su tipo de cuerpo y su personalidad, y define la alimentación y los hábitos que convienen a cada uno para alcanzar la armonía y la estabilidad física y mental. Cuando Sofía determinó qué tipo de cuerpo era, a partir del cuestionario que venía en el libro, trató de seguir las sugerencias de Chopra en lo posible, combinándolas con la dieta y las recomendaciones que Janice, la kinesióloga, le había señalado para combatir las alergias de polen que la atacaban con fiereza cada primavera canadiense. Curiosamente, las indicaciones de ambos expertos coincidían en varios puntos y no se contraponían en absoluto.

Uno de los hábitos que más recomendaba el libro era la meditación; había que hacerla por la mañana temprano y por la tarde al concluir las labores del día. Sofía intentó meditar como Gregorio le había enseñado en una de las últimas sesiones que tuvo con él, pero sentía que no lo estaba haciendo bien. También trató de meditar como le explicaron en un curso de manejo del estrés que dieron en uno de sus empleos en México, pero tampoco le estaba funcionando. En uno de los apéndices del libro de Chopra se encontró un número de teléfono en el que proporcionaban los datos de contacto de doctores y centros ayurvédicos en el mundo. Llamó y le dieron los del único centro en Vancouver: quedaba en Kerrisdale, relativamente cerca de la universidad. Un día se fue para allá después de clases. El hombre de la recepción le dio toda la información sobre los cursos de meditación trascendental y de las consultas de medicina ayurvédica que ofrecían en ese mismo sitio, previa cita. Le regaló, además, un casete con el video de los beneficios de la meditación, que resumía de una manera muy práctica lo que en el libro había leído al respecto.

El curso de meditación era caro, pero Sofía se convenció de que era una muy buena inversión. Fueron tres sesiones de teoría y práctica a las que asistió junto con otras personas. Les explicaron que el objetivo de la meditación era llevar la mente a un estado de quietud cada vez más profundo repitiendo un *mantra*, es decir, una palabra sin significado particular cuyo sonido atrae la atención de la mente. En ese estado, la mente puede sanar al encontrar paz y, con la práctica, esa paz puede llevarse a los estados de actividad consciente. La graduación del curso era individual y consistía en un pequeño ritual en el que se ofrecía fruta y gratitud a los dioses; al estudiante se le indicaba su *mantra* personal, que tenía que repetir en ese momento hasta aprenderlo, pues no debía escribirlo y menos podía dárselo a ninguna otra persona. Esto último se lo hicieron jurar y firmar en un documento que el centro guardó en sus archivos.

Y sí resultó una excelente inversión. Meditar la centraba y le daba paz, sentía que la invadía una gran felicidad que provenía de su corazón, del centro de su ser; era como reencontrarse consigo misma. Con el tiempo fue descubriendo que, además, los síntomas de la colitis, que todavía en muchas ocasiones la acompañaban, fueron desapareciendo. Samuel también disfrutó de los beneficios, pues, decía medio en broma, su mujer era otra después de meditar: sonriente y de muy buen humor...

∞

Sin contar lo de no escribir tanto como hubiera querido, sus vacaciones estaban resultando perfectas. El verano ya había llegado y lo estaba disfrutando al máximo. La vecina del piso de arriba le presentó a unos amigos que salían a caminar con frecuencia al bosque y a los montes de Sitges y los alrededores. Sofía se unió a sus excursiones de sábado o domingo y se la pasaba de maravilla. Caminar en el campo y en el bosque era algo que le fascinaba desde niña. El tío Víctor, esposo de la tía Gloria, acostumbraba llevarse a sus hijos y sobrinos —Ana, Hugo y Andrés, y Sofía y Joaquín— a hacer largas caminatas cerca de su casa en Satélite, por los montes de Lomas Verdes, cuando todo eso estaba despoblado y se podían ver las minas abandonadas y conejos saltando entre las hierbas. En Canadá salió a caminar a las montañas y al bosque en varias ocasiones con compañeros de la universidad. Con Samuel solo una vez, cerca de Barcelona, con unos amigos de su trabajo, pero él jamás quiso volver, pues se aburría mucho, le dijo; Sofía tampoco volvió, por quedarse con su marido.

Su verano se completó con la visita de Miriam. Hicieron mil actividades: fueron a la playa y salieron de antro en Sitges, fueron a Barcelona a pasear y de compras, comieron y cenaron en restaurantes deliciosos. Además, Sofía tuvo una entrevista de trabajo a la mañana siguiente de la llegada de su huésped, así que la dejó por un momento, mientras desayunaba y se alistaba para luego salir a pasear. Regresó a contarle a Miriam que tenía trabajo de nuevo y que empezaba en dos semanas, coincidiendo con la partida de su amiga.

El empleo era ahí mismo en Sitges, en una editorial tan pequeña como la anterior, pero cuyas revistas de jardinería eran mucho más interesantes para Sofía. Había encontrado la oferta de empleo en uno de los periodiquitos locales. Querían que trabajara como redactora de su nueva revista de paisajismo y, aprovechando sus conocimientos de informática, que apoyara con el mantenimiento de los equipos. Lo mejor era que le iban a pagar en negro, o por debajo del agua, y no tendría que dejar el paro, por lo que recibiría dos sueldos; el de la editorial era de mil euros. Y quedaba a solo cinco minutos caminando de su casa.

De una u otra manera, las visitas de Miriam siempre eran muy divertidas y le traían cosas buenas. Parecía que su amiga le daba suerte...

∞

F inalmente terminaron sus primeras clases del propedéutico y Sofía pasó ambas materias, una con C y la otra con B menos. Sus segundos ensayos fueron mucho mejores; obtuvo en ambos nota aprobatoria. Las calificaciones de los exámenes la ayudaron a subir su promedio, sobre todo los segundos, pues en los primeros le fue casi igual a como le había ido en los ensayos iniciales. Ahora tenía por delante un par de meses antes de que comenzara el periodo de invierno.

Vancouver era una ciudad increíblemente hermosa, con mar, bosques y montañas; su verano era delicioso y tibio y lo estaba gozando enormemente. Le fascinaba la gran variedad de plantas y aromas que encontraba por doquier, en los jardines, parques y bosques, que eran muchos. Le encantó aún más el verano un día que habló a México con Miriam.

—¿Qué te parece si te caigo por allá una semana? —preguntó la amiga.

—¿Es en serio?

—¡Sí!

—¡Súper bien! En mi cuarto cabemos muy bien las dos, bajamos el colchón al piso y yo me duermo en el *box spring*. ¿Te late?

—¡Claro!

—¿Cuándo vienes?

—¿Cómo ves la primera semana de agosto?

—¡Perfecto! —contestó Sofía emocionada.

***

Miriam llegó a la universidad en un coche rentado, para que pudieran pasear a gusto e ir a muchos lados, le dijo. Su amiga estaba más delgada que la última vez que se vieron, hacía casi seis meses, y el pelo le había crecido muchísimo, le llegaba a mitad de la espalda y tenía unos reflejos color cobre que contrastaban muy bien con el castaño natural de su cabello y su piel morena clara. Las dos amigas se abrazaron con mucho cariño y empezaron a hacer planes de inmediato. A Miriam le habían dado varios mapas y folletos turísticos en el aeropuerto que compararon con los que Sofía tenía.

La visita de Miriam fue fabulosa. No era lo mismo conocer sola una ciudad que hacerlo en compañía de una persona tan querida. Fueron a muchos lugares lindísimos, incluyendo Grouse Mountain, Whistler y Victoria, la capital de la provincia de Columbia Británica, en la isla de Vancouver. Comieron también en varios restaurantes muy buenos, y el sábado fueron a cenar con un amigo de Miriam. Quedaron en verse en Granville Island, en un restaurante de enormes ventanales y una vista magnífica de la bahía y de dos puentes, el de Burrard y el de Granville, que conectaban el centro con el resto de la ciudad.

—¡Miriam! —gritó un hombre saludando con la mano derecha desde una mesa al fondo del restaurante, al lado de uno de los inmensos ventanales.

—¡Hola, Samuel! —contestó Miriam, dirigiéndose hacia donde estaba su excompañero, seguida por Sofía.

—¡Qué gusto verte por aquí! —dijo Samuel abrazando a su amiga y dándole un beso en la mejilla derecha.

—¡Igualmente, Samuel! Mira, ella es mi amiga Sofía, es la que te conté que vino a estudiar una maestría.

—¡Mucho gusto! —dijeron al mismo tiempo los presentados, que se dieron las manos y el acostumbrado beso en la mejilla.

Samuel había sido compañero de trabajo de Miriam y consiguió una transferencia a Canadá con la misma empresa hacía un año. Era alto y delgado, aunque nada flaco, tenía el cabello castaño muy corto, su piel era blanca y sus ojos café claros miraban intensamente. Tenía una sonrisa encantadora.

Haciendo caso a las recomendaciones del camarero, compartieron una ensalada de espinacas con queso de cabra, nueces, arándanos deshidratados y un aderezo muy rico. De segundo plato los tres pidieron *clam chowder*, la crema de almeja por la que era famoso el lugar, y de tercero compartieron la pizza de salmón con alcaparras y jitomate fresco, que era otra de las especialidades de la casa. Acompañaron su cena con un vino rosado muy ligero. Platicaron y rieron de infinidad de cosas. Samuel era muy interesante y divertido. Sofía y él intercambiaron números de teléfono a la hora de los postres para seguir en contacto.

***

—Me cayó súper bien tu amigo —comentó Sofía en el camino de regreso a la residencia.

—Sí, me di cuenta —dijo Miriam riendo.

—¿Y por qué te da risa?

—Pues porque a los dos se les iban los ojos por el otro.

—¿Tú crees? —preguntó curiosa Sofía—. Bueno, además de simpático, la verdad es que me pareció muy guapo. ¿Cuántos años tiene?

—Creo que es de nuestra edad, si acaso un año mayor o menor, no me acuerdo. Pues a ver qué pasa, ¿no? Lo primero es que se hayan caído bien y que se hagan compañía, al menos de vez en cuando, para que no estén tan solitos en este país.

—Claro, creo que podríamos llevarnos muy bien...

∞

C asi dos meses llevaba ya Sofía en su trabajo, le gustaba y recibía doble paga, lo que le estaba permitiendo ahorrar íntegro el salario de la editorial. Entraba ya el otoño y decidió que usaría ese dinero extra para hacer más acogedora su casa durante la temporada de fríos: unos cojines, algún tapete adicional, sellar bien las ventanas, comprar madera para la chimenea y unas pantuflas nuevas. También quería comprarse ropa calentita y de muchos colores, pues estaba cansada de la ropa oscura de invierno que tenía y que la deprimía aún más en esa época. Por lo menos, que fuera muy lindo lo que vistiera, ya que tanto detestaba tener que llevar encima capas y capas de ropa, además de chamarras o abrigos incómodos y pesados para no congelarse.

Un sábado por la tarde, mientras tomaba un té y galletas con mermelada de arándano en la sala de su casa, se encontró con una frase en un libro de Walter Riso, *Los límites del amor*. La frase era de Séneca y decía: "Mientras se espera vivir, la vida pasa". Las palabras la impactaron, sintió como si le llamaran fuertemente la atención: desde que salió de México, todos sus inviernos habían sido esperar a que pasaran el frío y la oscuridad para empezar a vivir de nuevo. Deseaba siempre con ansia que llegara el solsticio de diciembre, pues, a partir de ahí, la luz empezaba a alargarse un minuto cada día; aunque el frío fuera peor, al menos la oscuridad iba cediendo poco a poco. Su agonía concluía con la llegada de las golondrinas, que indudablemente le señalaban que ya estaba ahí la primavera y pronto podría dejar de cargar tanta ropa. Se dio cuenta de que los dos inviernos que había pasado sola le había sido más difícil aguantar el frío; tener pareja en estas latitudes le había hecho mucho más llevadera esa época, aunque siempre la había padecido. Definitivamente, otro invierno no lo quería sufrir, y mucho menos quería pausar su vida una vez más por esa razón.

Descubrió también que no solo le afectaba el invierno, sino que extrañaba mucho a su familia y a sus amigos de toda la vida. Quería compartir con ellos reuniones, festejos, comidas, eventos importantes, la vida... Cerró el libro y decidió que usaría el dinero ahorrado para regresar a su país lo antes posible. Su decisión la sorprendió, pues hacía apenas dos años, con la partida de Samuel, no había querido ni hubiera podido regresar a México. Algo había cambiado en ella desde entonces, tal vez era que ahora se sentía contenta, satisfecha, segura y orgullosa de sí misma. Sofía había logrado mucho y ya no tenía miedo de volver.

El año de su contrato de alquiler en Sitges se cumplía el próximo mes, en octubre, así que no habría problema por dejar el piso después de eso. En noviembre recibiría la última mensualidad del paro y avisaría entonces a la editorial de su renuncia. Principios de diciembre parecía el momento perfecto para irse. Había muchas cosas que hacer. Contaba con un poco más de dos meses para prepararlo todo.

Compró su boleto de avión con una aerolínea alemana, que era la única que le permitía llevar a Coco con ella en cabina, solo tenía que conseguir una jaulita de transporte más pequeña que la que tenía y listo. Además, los alemanes eran los que ofrecían mejor precio. Con la fecha de partida definida, llevó al gato a vacunar contra la rabia y a que el veterinario le diera los documentos que necesitaba para entrar sin problemas a México. Lo siguiente fue decidir qué se llevaba en sus maletas, qué enviaba por barco, qué vendía, qué regalaba o donaba. Fue una labor titánica; no era la primera vez que se mudaba, pero sí en la que se desprendía de más cosas.

El apoyo de sus amigos fue definitivo para terminar con todos los pendientes a tiempo y dejar su piso prácticamente vacío; sola no hubiera podido lograrlo. Las múltiples despedidas fueron muy tristes, pero se prometieron que seguirían en contacto por correo electrónico, *Skype*, o teléfono, e incluso juraron que se visitarían tan pronto como les fuera posible. Con tristeza se despidió también de Barcelona, del Mediterráneo y de Sitges; iba a echar mucho de menos la luz del pueblo y su aire tan brillante que se podía ver y casi, casi tocar. A pesar de tanta nostalgia anticipada, a Sofía la animaba la ilusión de regresar a casa.

Segunda parte

P arecía que las cosas no habían cambiado nada en once años, pero al mismo tiempo habían cambiado mucho. Sofía se sentía en casa y como extranjera en su propio país. No era lo mismo venir de visita unas semanas que quedarse a vivir y adaptarse de nuevo al día a día. En esta ocasión se le hizo más evidente que sus maneras, su acento, algunas frases y expresiones, su forma de hacer y pedir las cosas eran muy diferentes a las de su familia y amigos. Incluso su ritmo al caminar era diferente. De esto se daba cuenta, en particular, en los centros comerciales o supermercados, pues a cada momento estaba a punto de chocar con alguna persona. Era extraño y curioso, pero ya se mimetizaría con el paso del tiempo, pensaba divertida.

La abuela la recibió encantada, esa siempre sería su casa, le dijo. Ahí todo parecía lo mismo, los muebles, la decoración, aunque había más habitantes. Ana y su hija, Emma, vivían ahí desde hacía tres años, después del divorcio de su prima. La antigua recámara de Sofía la ocupaba ahora su sobrina, y Ana tenía la habitación que había sido de Joaquín hasta que se casó. Mientras se decidía un acomodo permanente, Sofía compartió recámara con su prima.

Acostumbrada ya a vivir sola, a las dos semanas de su llegada Sofía empezó a sentirse incómoda, además de invasora. Tenía que encontrar una solución pronto, tal vez mudarse, pero antes necesitaba un trabajo para poder pagar el alquiler. Una mañana que tomaba el sol en el jardín trasero con Coco y los otros dos gatos residentes, Lola y Lucas, se percató del cuarto de servicio y del de lavado. Llevaban años sin usarse, más que para guardar cachivaches. La lavadora-secadora la habían instalado desde hacía tiempo en la amplísima cocina por petición de la abuela, y habían sacado el lavadero para ponerlo en el patio de atrás, más a la mano, cerca de la puerta de la cocina. El pequeño patio conectaba los cuartos de servicio, la cocina y el jardín. Sofía entró a inspeccionar los cuartos seguida de los tres mininos.

Como buena casa de los 50, incluso en esas habitaciones la construcción era muy sólida, con muros gruesos y detalles que le gustaban, como el zoclo en la base de todas las paredes y la loseta con dibujos del suelo. En la recámara habría espacio más que suficiente para poner una cama matrimonial y un armario de buen tamaño. En el otro cuarto, que estaba conectado al primero por una puerta, además de tener su puerta independiente al patio, cabría un escritorio para la computadora y un librero y, tal vez, otro armario pequeño, para guardar todas sus cosas. El baño, a la izquierda de la puerta de entrada de la recámara, tenía todavía el escusado y el lavamanos, aunque muy viejos; todo funcionaba bien, pero tal vez podría cambiarlos por unos más nuevos, dependiendo de lo que costaran, si no, al menos cambiar el asiento del retrete y el grifo y llaves del lavabo. El cabezal de la ducha también funcionaba, pero podría cambiarse por uno más moderno y con un chorro más uniforme. La herrería de las ventanas y puertas de entrada estaba en buen estado, solo habría que pintar, cambiar esos vidrios translúcidos con grabados por unos transparentes, y poner cortinas. La puerta del baño y la que conectaba ambos espacios eran de madera, y definitivamente necesitaban pintarse, al igual que todas las paredes. Con un presupuesto reducido podría tener un lindo espacio para ella sola, sin incomodar a ninguna de sus parientes y continuar viviendo con ellas. Además, tendría un poquito de independencia ahí atrás.

La abuela puso el grito en el cielo al escuchar la propuesta de Sofía, pero sus familiares le hicieron ver que era una buena opción. La más insistente de todas fue Emma; desde la llegada de su tía, la quinceañera se veía nerviosa por la posibilidad de tener que compartir cuarto con ella o con su mamá.

***

Para febrero ya estaba Sofía instalada en sus nuevos aposentos. La cama con el colchón, el escritorio y la silla los compró a plazos sin intereses, con la tarjeta de Ana, en una tienda departamental; el librero y el armario mandó hacerlos con un carpintero y los pagó en efectivo; también compró en efectivo un sofá de dos plazas y un tapete redondo para hacer más acogedor su estudio. Compró y configuró un *router* inalámbrico para tener acceso a Internet desde allá atrás. Se aseguró de que los nuevos vidrios fueran gruesos y de que ventanas y puertas estuvieran bien selladas para que no se colara el aire. Se llevó uno de los calentadores de aceite que había en la casa, pues también ahí se sentía frío en las madrugadas de invierno, aunque no más que el que había vivido en el departamento de Sitges y, mucho menos, en el de Poble Sec.

***

Poco a poco contactó a sus antiguos amigos de trabajo, de la universidad, de la preparatoria y los de toda la vida que no se habían mudado a otras ciudades o países; Joel hacía ya un par de años que vivía en Estados Unidos. Era reconfortante sentirse tan querida y apoyada por tanta gente, como Tania, una gran amiga y excompañera de trabajo.

Cuando se vieron para tomar un café, le contó que se dedicaba a contratar *call centers* para su empresa, y que una de las compañías que le daban servicio estaba por abrir un nuevo centro en un parque industrial al este de la ciudad.

—Te puedo recomendar, si tú quieres —le dijo Tania—. Puede servirte en lo que encuentras otra cosa con calma.

—Sí, Tania, por favor. No sería la primera vez que entrara a un lugar de ese tipo. Y, como dices, en lo que encuentro algo más. Ya me empieza a urgir trabajar. Hace casi cinco meses que regresé y pronto se me acabará el dinero; no quiero estar de mantenida de mi familia.

—¿Y qué te gustaría hacer? ¿Piensas volver a la consultoría?

—No, a consultoría no. De hecho, no quisiera nada relacionado con computación. Sería perfecto un trabajo en una editorial, como en España, pero en ese campo no conozco a nadie aquí, así que me puede llevar algo de tiempo encontrarlo —contestó Sofía mientras se servía más té.

***

La tía Gloria le prestó su coche para llevar el *curriculum vitae*, que le pidieron que entregara personalmente en el *call center*. Gracias a las indicaciones de Ana y de su tía, y de la ayuda de los planos de la *Guía Roji*, Sofía llegó sin grandes contratiempos; llevaba mucho tiempo sin manejar y las obras que habían hecho en varias áreas de la ciudad en los últimos años la habían transformado en algo desconocido para ella.

En recepción anotaron su nombre y le pidieron que esperara, pues la recibirían en un momento. Se sentó en una de las múltiples sillas que ahí había; algunas tenían todavía su envoltura de plástico transparente. Tras los muros se oían las voces y martillazos de trabajadores, que hacían eco en el alto techo de la nave industrial. Después de unos minutos la pasaron a una salita que olía a polvo mojado y a muebles nuevos. Enseguida llegó una chica bajita y rubia, muy amable y elegante con su vestido negro y sus tacones espigados; era la directora de recursos humanos. El *call center* estaba en plena contratación de personal para diversos puestos, le explicó, y su primer proyecto era para dar soporte técnico a los clientes de un fabricante de PC. Otra vez computación, pensó Sofía algo fastidiada, sin quitar ni por un segundo la sonrisa de su cara. Entre las dos revisaron punto por punto su *curriculum* y la directora se enfocó, sobre todo, en las habilidades de enseñanza que ahí constaban. Sofía había dado infinidad de cursos como ingeniera y consultora, además de clases de español en la universidad en Canadá el último año que estuvo ahí. La directora tomó muchas notas al respecto y, al terminar, le aseguró que muy pronto la llamarían.

***

Antes de que acabara la semana, la llamaron y la citaron para el siguiente lunes a media mañana para una nueva entrevista. En esa ocasión había muchos candidatos que llenaban la recepción, la gran mayoría eran chicas y chicos muy jóvenes, que apenas llegaban a los veinte años de edad. Después de unos diez minutos la hicieron pasar a una salita en la que se encontraba la directora de recursos humanos, a quien ya conocía, y un chico rubio, alto y de ojos azules, director del proyecto del cliente de PC, según le dijo al presentarse.

—Nos interesa tu experiencia enseñando —explicó el director, quien no tendría ni treinta años—. Necesitamos instructores para formar a los agentes que se encargarán de dar soporte técnico a los clientes de nuestro cliente.

—Me parece de verdad muy interesante, solo que hace tiempo que no me dedico a la computación y no quiero que se creen falsas expectativas —señaló Sofía.

—Por eso no te preocupes, habrá una capacitación intensiva de cinco semanas para los iniciadores del proyecto, tanto instructores como especialistas de soporte técnico.

—Ah, muy bien —respondió Sofía con cierto alivio.

A continuación, para comprobar sus habilidades como profesora, le pidieron que tomara un papelito doblado de varios que tenían en un sobre. Le indicaron que tenía cinco minutos para preparar una presentación de otros cinco minutos sobre el tema que aparecía en el papel: "Tu lugar favorito del mundo". Tendría que hacerla en inglés, pues en ese idioma se enseñaría y se daría el servicio a los clientes. Eligió hablar de Sitges y la presentación resultó muy dinámica y emotiva, según comprobó en las expresiones y el entusiasmo de los dos jóvenes directores.

***

Al día siguiente la llamaron muy temprano del *call center* para decirle que la habían elegido y que la esperaban esa misma tarde para ultimar detalles. El salario de trece mil pesos que le ofrecieron no se parecía en nada a los sueldos que tuvo antes de irse del país, pero el tipo de trabajo y sus responsabilidades también eran muy diferentes. De cualquier forma, a pesar de la misma Sofía, la computación venía de nuevo a su rescate. En una semana comenzaba la capacitación y tendría que apresurar la compra de un coche, pues en transporte público sería un suplicio llegar a diario hasta allá.

***

Joaquín se puso feliz al saber la noticia de que su hermana retomaba su carrera.

—No seré precisamente instructora de computación, Joaquín, sino que entrenaré a un montón de chavos para que puedan dar soporte a los clientes de un fabricante de PC.

—Bueno, pero es un comienzo.

—¿Un comienzo? La verdad es que yo lo veo como algo temporal. En cuanto pueda regreso a cosas relacionadas con la literatura. Pero no quiero entrar en ese tema ahorita. Te llamé para preguntarte sobre coches, necesito comprar uno y solo tengo diez mil pesos para un enganche.

—¿Y todo lo demás que me dijiste que habías ahorrado?

—No era mucho lo que tenía. Ya me lo gasté en acondicionar mi cuarto, en actualizar un poquito mi guardarropa y en el dentista, sobre todo en el dentista.

—La verdad es que no creo que te alcance con eso para un enganche, ni siquiera para el de un coche seminuevo.

—¿No? ¿Ni para los más económicos? —preguntó decepcionada.

—No lo creo, Sofía. Y si quisieras comprar uno usado, apenas para algo viejísimo y a ver en qué estado.

—Pues algo tengo que encontrar, porque necesito un carro y es el único dinero que tengo.

***

Ana se ofreció a acompañarla a visitar agencias de coches ese fin de semana. Después de recorrer varias de diferentes fabricantes con el resultado que había anticipado su hermano, ya con el ánimo decaído, su prima insistió en que visitaran una más.

—Pero esos son mucho más caros, ¿o no? ¿Tienen carros económicos?

—No lo sé, pero ya estamos aquí, no nos cuesta nada preguntar, Sofía.

El vendedor fue atentísimo y se esmeró al máximo. Le mostró el carro más económico, que agradó mucho a Sofía, y tomó todos sus datos para investigar las opciones de crédito que podía ofrecerle el banco con el que trabajaban. En menos de dos semanas Sofía firmó papeles y fue por su coche. El crédito cubrió todo el monto, sin necesidad de enganche, y los diez mil pesos se usaron para pagar placas y tenencia. Le sorprendía y emocionaba cómo las cosas salían de repente con tanta facilidad, en contra de todos los pronósticos.

***

Su trabajo como instructora era interesante y conocía a muchísima gente, chicos muy jóvenes en su mayoría, pero era excesivamente desgastante y no acababa ni al llegar a casa, pues había que preparar lo del día siguiente. Y los horarios eran nefastos: a veces le tocaba dar clases de seis de la mañana a dos de la tarde; otras, de tres de la tarde a once de la noche. A los nueve meses decidió solicitar el puesto de supervisora, cuya responsabilidad era coordinar a un grupo de agentes que recibían las llamadas de los clientes. El salario era mucho mejor, los horarios más normales y el trabajo más relajado, salvo por las guardias de fin de semana en que se incrementaba el número de llamadas de clientes alterados que pedían hablar con el supervisor.

Después de unos arduos exámenes, sobre todo el de uso avanzado del *software* de hoja de cálculo —una de las responsabilidades más importantes del puesto era hacer gráficas, estadísticas y tendencias—, le otorgaron el cambio con un horario de siete de la mañana a tres de la tarde, más las guardias variables de fin de semana. A los dos meses como supervisora, a pesar de haber confirmado que, en efecto, su trabajo actual era mucho más tranquilo que el anterior, Sofía decidió que ya era tiempo de buscar otro empleo —estar en un *call center* le seguía resultando demasiado estresante—. Quería un trabajo como redactora o algo similar, igual que en España, pero en una buena empresa en la que hubiera prestaciones superiores a las de la ley, horarios de oficina normales y se valorara a los empleados un poco más como personas y menos como piezas desechables.

Se lo comentó a Román, su amigo y compañero supervisor, en uno de los descansos que solían tomar juntos en la cafetería.

—¿De verdad crees que vas a encontrar un trabajo con todas esas características?

—¡Ah! Y que me paguen al menos los dieciocho mil pesos que estamos ganando aquí.

—No quieres nada —se burló Román—. ¿Y dónde vas a encontrar un empleo así?

—No sé. Algo tiene que haber.

Miriam le recomendó un sitio de Internet en el que su hermano había conseguido un muy buen puesto en una excelente compañía. Cada día, sin fallar, Sofía revisaba las nuevas ofertas de empleo que ahí se publicaban. No había mucho que le interesara, de repente algún puesto de redactor o corrector con un salario miserable en un lugar aún más lejano que el *call center*. Hasta que apareció algo atractivo: solicitaban editor y coeditor, ofrecían salarios decentes y buenas prestaciones; no decía nada de la ubicación. Su experiencia en edición era muy limitada —algo había hecho en su trabajo en Sitges—, pero igualmente llenó solicitud para ambos puestos.

La llamaron a su celular a los dos días de haber hecho la solicitud. Tenía una entrevista esa misma tarde en Xochimilco, al extremo sur de la ciudad, donde se ubicaba la empresa. Se trataba de una compañía de cosméticos elaborados con ingredientes naturales, le explicó el hombre de recursos humanos que la recibió. El departamento editorial se encargaba de realizar publicaciones para clientes y distribuidores sobre los productos. Después de un rato de charla muy agradable y de revisar la experiencia de Sofía, su entrevistador le concertó una cita para la siguiente tarde con el jefe del área interesada. El departamento editorial, al igual que otras áreas de diseño, estaba en la colonia Roma, relativamente cerca de casa, lo cual la alegró sobremanera.

A su siguiente entrevista, Sofía llevó ejemplares de las revistas de las editoriales españolas con las que había colaborado. El jefe del departamento las hojeó con interés y le mostró luego el tipo de publicaciones que ahí realizaban. Le explicó también en qué consistiría el trabajo. Al despedirse, le aclaró que todavía tenían varios candidatos por entrevistar y que esperaba pronto comunicarse con ella. No estuvo tan mal, pensó Sofía ya en su coche, pero habría que ver qué decidían por lo de la experiencia.

Unos quince días después la llamaron de la empresa de cosméticos para decirle que la habían elegido para el puesto de editora y que debía comenzar en dos semanas. Se habían decidido por ella por su experiencia en supervisión de personal, le indicó el de recursos humanos. Aceptó sin dudarlo y presentó su renuncia en el *call center* en cuanto tuvo firmado el nuevo contrato. No dejaba de sorprenderla cómo sucedían las cosas, parecía que bastaba con pedir y el universo se las arreglaba para que se cumplieran. Ahora su preocupación era aprender lo más rápidamente posible sobre su nuevo puesto, aunque en realidad el aprendizaje nunca había sido un problema para ella.

***

Joaquín se puso furioso al saber la noticia. ¿Cómo era posible que dejara un puesto de supervisión en su área de experiencia y conocimiento para tomar un trabajo de editora del que no sabía nada? Y lo peor, por el mismo salario;

cuando uno cambia de puesto debe ser siempre para mejorar, le dijo. Le parecía inaudito que su hermana jugara así con su vida una vez más.

***

Las mañanas de domingo le gustaban a Sofía porque eran muy tranquilas y silenciosas, solo se escuchaba el despertar de los pájaros, sin el ruido del tráfico lejano, que empezaba más tarde en esos días. Después de un rato de estirarse, se levantó de la cama, se calzó las pantuflas y fue al baño, luego se puso la bata, se hizo una cola de caballo y salió hacia la cocina. Ahí se encontró con Ana.

—¡Hola! ¡Buenos días! ¿Y las demás? —le preguntó a su prima.

—¡Buenos días, Sofía! Abue y mi mamá se fueron a misa de nueve. Emma se quedó a dormir en casa de una amiga, ayer tuvieron fiesta. Voy a hacer huevos con jamón, ¿quieres?

—¡Sí, qué rico! —respondió mientras se dirigía al refrigerador.

—Pásame otros dos entonces —le indicó Ana, extendiendo la mano para recibirlos.

Sofía le dio los blanquillos a su prima, y sacó del refri la olla de los frijoles y las tortillas.

—Oye, Sofía, ¿por qué te regresaste? —preguntó Ana mientras rompía los huevos y dejaba caer su contenido en un recipiente de plástico para revolverlos.

—¿De dónde me regresé? —preguntó a su vez mientras encendía dos hornillas de la estufa donde puso el comal y los frijoles.

—De España.

—Ah, pues por el invierno, por la familia, por los amigos, por la comida...

—¿Ya cuánto llevas aquí? ¿No te arrepientes?

—No, hasta ahora no, ya han pasado tres años desde que volví. Tal vez si hubiera tenido pareja, a pesar del frío y de extrañar tanto, tal vez, solo tal vez —enfatizó Sofía—, me hubiera quedado. ¿Quieres jugo? —preguntando unas naranjas que traía en las manos.

—Sí, por favor. ¿Y no conociste a nadie allá después de Samuel?

—Pues sí —suspiró Sofía—. Conocí a varios, pero los que me interesaban no estaban tan interesados en mí, y los que estuvieron insistiéndome no me gustaban nada.

—¿Cómo los conociste? —inquirió Ana mientras daba la vuelta a las tortillas que su prima había puesto en el comal.

—A ver, a un par de ellos por las caminatas de fin de semana en Sitges; a otro, haciendo *jogging* en la playa del pueblo, nos encontrábamos casi todos los días. Antes hubo otro, en Barcelona, me lo presentó una amiga, pero resultó que estaba casado. Y el que más me gustaba lo conocí en una reunión de *speed dating*, también en Barcelona —explicó haciendo fuerza sobre la palanca del enorme exprimidor metálico, intentando dejar sin gota de líquido una mitad de naranja.

—¿En una reunión de qué?

—*Speed dating* —rio Sofía—. Son esas citas rápidas, como las que salen en las películas o series gringas, en que las mujeres se sientan cada una en una mesita de un bar o café, y los hombres se van turnando para platicar con las diferentes chicas. Hay igual número de hombres y mujeres, y los organizadores van señalando cuándo hay que cambiar de persona para conocer a todos los candidatos del sexo opuesto en muy poco tiempo. Cuando fui te daban como siete minutos con cada uno y éramos siete parejas, creo.

—¡No te puedo creer que hayas ido a algo así, Sofía! —dijo Ana sorprendida mientras servía el huevo en los platos.

—¡Ni yo! —respondió Sofía riendo y vació el jugo en dos vasos.

—¿Te sirvo frijoles?

—Sí, por favor.

—¿Y qué pasó con ese chavo? —le preguntó Ana sentándose a la mesa con los platos.

—Salimos varias veces y parecía que todo iba muy bien, pero de pronto se alejó —contestó Sofía; puso los vasos de jugo en la mesa y se sentó a desayunar.

—¿Por qué?

—Viéndolo ya con cierta distancia —suspiró Sofía—, y después de mucho llorar y haberlo analizado hasta el agotamiento total, creo que estaba yo desesperada por tener pareja y me porté como si por fin hubiera encontrado a mi príncipe azul, que me iba a rescatar de la vida. Creo que me colgué literalmente de él y seguro que eso lo asustó.

—¡Ay, Sofía! ¡Qué mala onda!

—Pues sí, pero ya qué —suspiró de nuevo—. Por algo suceden las cosas, ¿no crees? Si hubiera funcionado quizás no estaría aquí de regreso y, además, creo que me tocaba aprender a estar conmigo misma por un buen rato. Esa experiencia no la cambio por nada, en serio —sonrió Sofía y le dio una mordida a la tortilla calentita que acababa de enrollar.

—¿Y aquí no has conocido a nadie?

—No, a nadie —respondió Sofía sin ganas de hablar de eso—. Y tú, ¿has conocido a algún chico interesante desde que te separaste?

—¿Yo? —Ana la miró un instante y enseguida desvió la mirada hacia la mesa buscando algo—. No, yo tampoco. ¿Quieres salsa? —le preguntó para finiquitar el tema.

—No, gracias.

La verdad era que Sofía sí había salido con algunos hombres desde su regreso, pero no había durado más de dos o tres meses con ninguno de ellos; sentía todo muy cercano aún y no tenía el ánimo de ponerse a revisar con su prima las razones de esas rupturas. Que si uno besaba horrible, que si otro estaba casado, que algún otro la había encantado pero no quería ningún compromiso con ella, que aquel último se quería apoderar hasta de sus pensamientos y, además, se enteró luego, le daba por golpear a la novia en turno. En su momento le dolieron aquellas separaciones y añoraba tener a alguien a su lado, aunque tenía que reconocer que también disfrutaba estar sola. En realidad, más que tener pareja, lo que le preocupaba últimamente era la sensación de que su vida no iba hacia ningún lado en ningún aspecto, era como si se hubiera acomodado demasiado.

***

En el trabajo las cosas también parecían pausadas. Lo que hacía en el departamento editorial le gustaba, había aprendido infinidad de cosas —con gran empeño y muchas complicaciones— y había conocido a personas verdaderamente entrañables en toda la empresa. Pero el ambiente de su área era muy pesado, casi desde el primer día en que ingresó. No había cooperación, no había trabajo en equipo, todos hablaban pestes de los demás y obstaculizaban el trabajo de los otros. Al poco tiempo, sin darse cuenta, Sofía acabó por entrar en ese juego desgastante e improductivo. Ahí nadie crecía y nada prosperaba como debía.

Tal vez por eso, su deseo de ser escritora de novelas empezó a despertar de nuevo; necesitaba sacudirse la inercia que la invadía, necesitaba hacer algo que la motivara e ilusionara en serio. Quería retomar los proyectos que había iniciado en España —y que no había ni siquiera visto desde su regreso—, pero no veía ni cuándo ni cómo. Al volver de la oficina cada tarde se sentía agotada y sin ganas de pasar más tiempo frente a la computadora. Y su *laptop* no era muy cómoda para ponerse a escribir por largo rato.

Un día, durante la comida, un compañero del área de diseño le comentó emocionado que acababa de comprarse una computadora a plazos. Entonces se le ocurrió a Sofía que tal vez esa era la solución para ponerse a escribir: una nueva máquina, de escritorio, con gran pantalla y teclado ergonómico. A la hora de salida de la editorial se fue a checar precios a una tienda departamental, en la que ya había visto, de pasada, su marca favorita de computadoras. El modelo que le gustaba tenía un buen descuento y, adicionalmente, tenían la promoción de trece meses sin intereses. Para completar el atractivo, el vendedor le dijo que, si tramitaba la tarjeta de crédito de los almacenes, obtendría un descuento del diez por ciento en todas las compras que realizara el primer día que la utilizara. Esa tarde obtuvo la tarjeta de crédito y, ya en casa, hizo cuentas de todos sus gastos. No estaba nada mal, en realidad no tenía adeudos, más que el del coche, que acabaría de pagar en un año más. Estaba también lo que aportaba a la casa y lo que iba ahorrando, pero fácilmente podría comprometerse al crédito de la computadora.

La siguiente tarde fue de nuevo a la tienda. Aparte de la máquina, aprovechando el descuento de la primera compra con la tarjeta, se llevó el *software* de aplicaciones de oficina que necesitaba, y un *no break*, para proteger su preciada inversión de los cambios de voltaje. Llegó a casa entusiasmada e instaló todo de inmediato. Ya estaba, ahora solo tenía que ponerse a escribir, pero, ¿a qué hora? Los fines de semana eran poco tiempo y, además, eran demasiado variables; tenía que hacerlo como parte de su rutina para convertirse en escritora de verdad. Después del trabajo estaba descartado por el cansancio. El único otro momento que se le ocurría era antes de irse a trabajar: se levantaría una hora más temprano de lo acostumbrado y su primera actividad del día sería escribir.

Y así lo hizo. Revisó los antiguos proyectos, pero finalmente decidió que seguirían esperando y comenzó una historia distinta que le andaba rondando la cabeza desde hacía varias semanas. Cada mañana, Sofía se levantaba diligentemente a escribir un poco de su nuevo libro pero, sobre todo, sus páginas matutinas, que tenía olvidadas hacía ya mucho, mucho tiempo. Las páginas le sirvieron para darse cuenta de que era enorme la carga de emociones que traía encima, que había abandonado a la deriva su persona y su bienestar, y se había enfocado solo en la guerra psicológica de la oficina, que consumía prácticamente todo su ser. También se percató de que hacía rato que no meditaba con constancia, se le olvidaba y apenas se acordaba de hacerlo una o dos veces por semana, cuando le urgía tranquilizar su mente y encontrar algo de paz. Tampoco se ejercitaba ya, salvo algunos sábados que se iba temprano a correr al bosque de Chapultepec, o hacía un poquito de yoga o *tai chi* en su cuarto o en el jardín. En general, desde su regreso no había hecho nada nuevo en cuanto a su cuerpo, su mente o su espíritu, en parte porque no tenía el ánimo de aprender y, por otro lado, porque sentía que se la había pasado buscando demasiado tiempo y quería aprovechar el conocimiento y las técnicas que ya tenía. Sin embargo, no ponía nada en práctica. Se sentía estancada, o como a la deriva, dejándose llevar por lo que acontecía a su alrededor. Tenía que recuperar todo lo que había logrado estando fuera de México y que la hacía sentirse tan bien y, principalmente, quería seguir aprendiendo de sí misma. Como primera medida, aparte de la escritura que ya estaba haciendo, decidió que meditaría sin falta cada día al regresar de la oficina; la ayudaría a centrarse, tranquilizarse y a reencontrarse poco a poco consigo misma.

***

Un sábado por la tarde, después de comer en casa con la familia, Sofía se fue a una de sus librerías favoritas al sur de la ciudad. Estaba interesada en leer algo de Louise H. Hay, de quien había escuchado en España y Canadá, de labios de Ámbar y Janice, las kinesiólogas. Era temprano aún para los visitantes asiduos y encontró lugar en la calle, muy cerca de la tienda. Tampoco había mucha gente adentro, era la hora perfecta. La sección de autoayuda y crecimiento personal era muy extensa. La emocionaba estar entre tantos libros; la exaltación aumentaba nada más empezaba a leer títulos y a hojear ejemplares, y le provocaba unas ganas irresistibles de ir al baño. Era inevitable: en Canadá, luego en España y ahora en México, conocía los sanitarios de todas las bibliotecas y librerías a las que había entrado.

En cuanto salió del baño, Sofía le preguntó al primer dependiente con quien se topó por la ubicación de los libros de Hay. El chico la llevó hasta la estantería donde había decenas de títulos en inglés y español de la autora, y ahí la dejó entretenida. *Sana tu cuerpo, Pensamientos del corazón, Meditaciones para sanar tu vida, Power Thoughts: 365 Daily Affirmations, Gratitude*... Después de analizar varios y de un rato de cavilación, se decidió por *Tú puedes sanar tu vida*.

Pagó en caja y se fue a la cafetería del local. Escogió una mesa en una esquina apartada, al lado de las ventanas que daban a las jardineras. Ordenó un té de limón con jengibre y una tarta de queso con zarzamora, y se puso a leer su nuevo libro. En las primeras páginas se encontró con algunas cosas que ya sabía, como que, antes de nacer, cada uno elige a sus padres de acuerdo con las experiencias por las que tiene que pasar en cada vida. Pero la escritora iba más allá: además de los padres —junto con el país, y la posición social y económica—, se escogen todas y cada una de las características físicas del cuerpo. Esto la sorprendió y le resultó liberador —tanto como en su momento lo fue saber que ella misma había seleccionado a sus progenitores—, pues le permitía, de alguna manera, dejar de culpar a otros y a sí misma de infinidad de cosas. Por ejemplo, al pensar en esto, automáticamente dejaba de tener envidia de mujeres que tenían atributos físicos de los cuales ella carecía; y a la inversa, dejaba de sentirse culpable por ser más agraciada que otras de sus congéneres. Podría ser una tontería, pero la idea de tener esa responsabilidad, al igual que cada persona tenía la suya, le quitaba un enorme peso de encima y, de pronto, la vida le parecía mucho más sencilla y con más sentido. Más adelante, Hay explicaba que cada uno escoge también sus pensamientos, y que aquellos que implican resentimiento, crítica, culpabilidad y miedo son los que más problemas ocasionan en la vida y en la salud. Sobre esto ya también había escuchado Sofía, y le gustó la manera tan clara y práctica como la autora lo presentaba.

—Hola —dijo una voz masculina y profunda que sacó a Sofía de sus reflexiones—. ¿Te importa si comparto mesa contigo? Es que están todas llenas.

—No, adelante —contestó, comprobando al mismo tiempo que, en efecto, las demás mesas estaban ya ocupadas por dos o más personas. Puso la bolsa vacía de su compra en la silla a su derecha, donde tenía su bolso, y acercó su teléfono celular hacia el plato de la tarta.

—Muchas gracias —dijo el hombre sentándose en la silla frente a Sofía—. Me llamo Pablo —y extendió la mano hacia ella.

—Sofía. Mucho gusto —se presentó y le estrechó la mano.

La mirada de Pablo era dulce y brillante, y su sonrisa era fascinante. Era alto, muy delgado y de tez bronceada. Su pelo era negro con algunas canas, rizado, y lo llevaba corto. Sofía le calculó 52 o 53 años, cuatro o cinco más que ella. Pablo revisó la carta y pidió un café exprés y un strudel de manzana.

—Interrumpí tu lectura. ¿Qué libro compraste? —preguntó el hombre.

—Uno de Louise Hay —contestó mostrándoselo—. ¿Y tú?

—*Tu realidad inmortal* —lo sacó de la bolsa y se lo pasó a Sofía para que lo viera—. Es de Gary R. Renard.

—No lo conocía —comentó, leyó rápidamente la sinopsis y se lo regresó.

—Espero que esté bueno —dijo el hombre—. El primero que escribió me gustó mucho.

Pablo resultó ser muy interesante. Hablaron de temas que la apasionaban, como crecimiento personal y espiritualidad, y un poco de cada quien. El hombre vivía en Guadalajara, pero visitaba el Distrito Federal con cierta frecuencia por negocios, y hasta tenían conocidos en común, excompañeros de trabajo de ella de mucho antes de irse a vivir al extranjero. Pablo quería seguir en contacto, dijo cuando Sofía se dio cuenta de que habían transcurrido casi dos horas de charla y tenía que regresar a casa.

—Pero estás casado.

—Sí, y adoro a mi esposa, pero eso no impide que tenga amigos o amigas, ¿no crees?

—Supongo que no —respondió ella algo reticente.

—Me pareces una persona muy interesante y de verdad quisiera seguir en contacto contigo. No todos los días se encuentra uno gente con quien hablar con tanta facilidad de todos estos temas.

—Eso sí —asintió Sofía y accedió a intercambiar números de celular con el recién conocido.

***

Poco a poco fue creciendo la amistad entre Pablo y Sofía. Él le hablaba todos los días desde donde estuviera y la buscaba en cada una de sus visitas a México. Ella estaba encantada, le parecía el hombre perfecto: interesante, atento, respetuoso, cariñoso, protector, sensible, agradable, inteligente, atractivo... Por todo eso, a su corazón no le importó que fuera casado y, a pesar de la resistencia de la propia Sofía, terminó por enamorarse de él.

***

La rutina de escritora de Sofía, su inspiración y la vida de toda la familia se vieron interrumpidas en noviembre por la noticia de la enfermedad de la abuela. En un chequeo rutinario le notaron algo anormal en los pulmones, que luego resultó ser un tumor maligno. ¿Desde cuándo lo tenía? Eso era imposible de precisar, dijeron los médicos, y la señora no había expresado molestias, más que alguna leve y ocasional dificultad al respirar.

Quien se hizo cargo de llevar a la abuela a las radioterapias fue la tía Gloria. Cada día se iban las dos muy temprano —casi de madrugada— hasta el hospital de seguridad social de La Raza en el que le hacían los tratamientos. Igualmente, cada dos o tres semanas le tocaba ir a quimioterapia, lo que le provocaba náuseas y le quitaba el apetito por varios días.

Para febrero del siguiente año terminaron los tratamientos. El tumor había sido eliminado. Ahora había que enfocarse en la alimentación para que la abuela recuperara el peso, el ánimo y la fuerza que había perdido en los últimos meses, y acudir a las revisiones periódicas para asegurarse de que todo seguía evolucionando favorablemente.

El restablecimiento de la abuela fue un gran alivio para todos, aunque no por ello retomó Sofía la escritura. Por el contrario, se adentró más y más en los problemas del trabajo. Lo poco que había ganado en su persona, antes de que se hiciera el caos en la casa, lo perdió totalmente y se hundió en la apatía y en la frustración.

—¿Qué es lo que realmente te gustaría hacer si no tuvieras que preocuparte por nada? —le preguntó Pablo un día que se vieron para cenar.

—Escribir novelas y vivir de eso —respondió de inmediato Sofía—. Ser dueña de mi tiempo, tener la libertad para hacer lo que más me convenga, sin tener que estar encerrada en una oficina todo el día. Caminar mucho, en la ciudad y en el campo. Viajar, incluso pasar largas temporadas en los diferentes lugares en los que he vivido y reunirme con mis amigos de todas partes.

—¡Qué bárbara! Te cambia la cara cuando hablas de lo que deseas —sonrió Pablo—, ¡se te ilumina! ¿Y qué necesitarías para empezar a hacerlo?

—¿Qué necesitaría? —se preguntó, volviendo la mirada hacia arriba—. Dinero —contestó después de un momento—. Necesitaría dinero.

—¿Tienes ahorros?

—Sí, pero no los usaría para eso, se supone que son para el retiro. Tampoco es que sea una gran cantidad, no me alcanzaría para viajar y viajar por siempre.

—Pero sí para comenzar a escribir y, con el tiempo, te daría para todo lo demás, ¿no crees? ¿O tienes planeado seguir donde estás hasta que te retires?

—¡No, no! ¡Imagínate! Terminaría completamente amargada.

—Entonces, ¿qué esperas que suceda para salir de ahí?

—Pues, tal vez que me despidan. No quiero darles el gusto de renunciar. Bastante he padecido como para irme así nada más, con las manos vacías.

—¿Y si negocias la liquidación?

—¿Negociarla? —dijo asombrada—. No sé —suspiró—, como que no hay mucha confianza entre mi jefe y yo.

La velada continuó entre los sueños y planes de Sofía, y su amigo alentándola a seguirlos. Antes de despedirse, Pablo le regaló *Tu realidad inmortal*, el libro que él había comprado cuando se conocieron.

—Es el segundo del autor, creo que ya te había dicho, pero me parece que resume muy bien el primero en los capítulos iniciales —le explicó—. A ver qué te parece.

***

La idea de la liquidación se quedó con Sofía durante varios días. Recordó que, en varias ocasiones, medio en broma y no, el encargado del área les había dicho que a quienes no quisieran seguir en la editorial con gusto los liquidaba. Incluso había facilitado, con gran entusiasmo, el cambio a otros departamentos de dos compañeras que estaban desesperadas por salir de ahí —así de terrible era la atmósfera laboral—. Todo esto acabó de animarla a hablar con él.

—Si ya no quieres estar aquí, ¿por qué no renuncias? —le dijo el hombre.

—Porque para irme necesito el dinero de la liquidación, si no, no puedo llevar a cabo mis planes y tengo que continuar dependiendo de mi salario.

Durante unos instantes el jefe la miró fijamente sin decir nada.

—Déjame ver qué se puede hacer —le contestó secamente y con el rostro severo, pero con una intensa alegría en los ojos que no pudo ocultar.

***

Fue impactante para Sofía la lectura de *Tu realidad inmortal*. El libro planteaba que el mundo en el que creemos vivir es solo un sueño, una proyección de nuestra mente dominada por el ego, y que el perdón permite despertar de todo ello, pero no el perdón de la forma en que lo conocemos, sino uno que reconoce que lo que vemos y lo que pasa son mera ilusión. Gary, el autor, señalaba que las ideas que presentaba le habían sido comunicadas por un hombre y una mujer venidos del futuro, que se encarnaban durante las conversaciones que habían sostenido con él en su sala de estar a lo largo de varios años. Todo esto le pareció extremadamente interesante. Sin embargo, había algunos detalles que la incomodaban, como pensar en que el objetivo final era dejar de reencarnar; ella sentía que le gustaba vivir con todo y los altibajos, y creía que con cada vida aprendía lecciones que ayudaban a su espíritu a evolucionar poco a poco; si no reencarnaba, esa evolución no sería posible, pensaba. Asimismo, en los diferentes capítulos se mencionaba al Espíritu Santo continuamente, lo que en definitiva le producía incomodidad, pues lo asociaba sin remedio a la religión católica, de la cual la seguían contrariando muchos temas. Además de estos inconvenientes, algo le ocurría al leer el libro: desde las primeras páginas se soltaba de repente a llorar a todo pulmón, y no era por tristeza ni por rabia, ni siquiera por alegría..., la verdad es que no sabía ni por qué. Lo más extraño era que, a pesar de llantos y desacuerdos, no podía abandonar la lectura, en parte por curiosidad pero, sobre todo, porque le brindaba una gran e inexplicable tranquilidad.

—¿Qué tal si vamos a ver a Gary? Va a dar una plática en San Antonio, en Texas, en abril —le preguntó Pablo por teléfono un día que hablaron.

—No sabía que daba pláticas —contestó sorprendida Sofía.

—Sí, ya lo he visto un par de veces. Es muy bueno.

—Me gustaría mucho, pero ahorita no quiero gastar en eso, por si se hace lo de la liquidación.

—Te estoy invitando.

—Ah... ¿Va a ir tu esposa?

—¿Mi esposa? No, a ella no le interesan estas cosas.

—¿Y qué va decir de que vayamos juntos?

—Bueno, eso es asunto mío, ¿no crees?

—Sí, supongo... Nos quedaríamos en cuartos separados, ¿verdad?

—Por supuesto.

Sin pensarlo más, Sofía accedió a ir al viaje. La atraía la posibilidad de conocer al autor del libro que la había impresionado tanto, pero lo que más la emocionaba era la idea de viajar con Pablo y pasar con él un fin de semana completo. Era consciente de que nunca habría nada más que amistad entre ellos, pero su corazón tenía la ilusión de que, algún día, algo sucedería y el hombre perfecto sería su pareja. Y era difícil no pensarlo porque, aunque él no le insinuara nada, Sofía no podía creer que no sintiera algo más, con tantas atenciones y cuidados que tenía hacia ella, además de la conexión tan fuerte que había entre ambos, más allá de palabras y hechos.

**

El fin de semana en San Antonio fue fantástico. Pablo llevó a Sofía a pasear, a conocer muchos lugares, a comer, a cenar... Ella confirmó que era todo un caballero, el hombre ideal si no fuera por su estado civil. Por otra parte, la presentación de Gary le gustó mucho —a pesar de las continuas menciones del Espíritu Santo—, le produjo una sensación de paz y de plenitud que no podía describir, y la animó a continuar la lectura del libro.

***

Para principios de mayo, Coco empezó a toser y a respirar de modo extraño. El veterinario le hizo una radiografía y dictaminó que tenía un tumor en el pulmón —igual que la abuela.

—¡Pero si estaba bien! —dijo Sofía desesperada.

—No podemos saber desde cuándo tiene el tumor, tal vez desde tiempo atrás o quizá solo un par de meses. Por desgracia, no hay reglas en el desarrollo de este tipo de enfermedad.

Le hicieron una biopsia al gato y se confirmó que el tumor era maligno. Ahora las opciones eran extirparlo en una operación muy riesgosa y complicadísima, además de quimioterapias, o dejar que la naturaleza siguiera su curso. Sofía no quiso exponer al minino a sufrir con un procedimiento cuyo resultado y duración eran demasiado inciertos.

A partir de entonces, le hizo *reiki* a Coco cada día, sin falta, antes de irse a dormir. Notaba que el minino lo pedía con más frecuencia y durante más tiempo que antes, aunque en realidad esto venía sucediendo desde hacia algunos meses, pero ella no le había dado importancia; pensaba simplemente que se estaba haciendo viejito. A veces podía estar más de una hora tumbado mientras ella ponía las manos sobre su cuerpo, cuando años atrás apenas aguantaba unos minutos y de repente se iba corriendo, como recargado de energía.

Coco no llegó a final de mes. Su respiración era cada vez más ruidosa y difícil, y una tarde Sofía tuvo que tomar la decisión de llamar al veterinario para que lo durmiera. Lo inyectaron en la cama —sobre una toalla gruesa y una gran bolsa de plástico debajo— y ella estuvo acostada a su lado hasta que su corazón dejó de latir. Al día siguiente, cuando Sofía regresó del trabajo, lo enterraron en una esquina del jardín, al pie de una buganvilia de flores naranjas.

El micho había sido su compañía durante más de quince años, desde que ella y Samuel se lo llevaron a Canadá, cuando Coco tenía apenas dos. No creía haber sentido tanto pesar cuando murieron sus padres en aquel accidente en la carretera de Cuernavaca que le contaron: venían de regreso de una convención del trabajo de su papá. Entonces era muy pequeña, de escasos tres años, y no recordaba mucho, más que en el entierro a su hermano con cara de pasmo, apretándole la mano tan fuerte que se le dormían los dedos, y a la abuela llorando inconsolable. Joaquín tenía nueve años cuando eso ocurrió. También se acordaba de que desde entonces se quedaron a vivir en casa de los abuelos para siempre. Ocho años después el abuelo falleció mientras dormía, de un derrame cerebral. De eso recordaba su cara tranquila, como si siguiera durmiendo, y que a ella le había dolido mucho y había llorado mares junto con la abuela. Ahí fue cuando Joaquín se volvió aún más estricto con su hermana y con él mismo, y asumió por completo el papel de padre y hombre de la casa.

***

Una mañana que la abuela se alistaba para ir a su revisión médica, se desvaneció y cayó al suelo. La tía Gloria, alarmada, llamó a una ambulancia que las llevó al hospital. Los médicos de urgencias decidieron internarla unos días, tenía el brazo derecho fracturado y estaba muy desnutrida. Llevaba días que había perdido al apetito casi por completo y comía muy poco, a pesar de los esfuerzos que hacía su hija para que se alimentara.

—Alguien tiene que acompañar a la señora las 24 horas del día —le explicó la enfermera de turno a la tía Gloria; así funcionaba la seguridad social.

Para cuidarla definieron guardias entre toda la familia, incluidos Joaquín, su esposa —Irene—, y sus hijos —Marco y Ruth.

Los médicos decidieron que se le pondría una sonda gástrica para que en casa pudieran alimentarla. La intervención quirúrgica no tuvo mayores problemas, pero le surgió una hemorragia intestinal interminable, por lo cual trasladaron a la abuela a un hospital de especialidades, donde le hicieron unos estudios de mucho riesgo. La hemorragia cesó y la señora regresó a la clínica original.

—Son terribles estas ambulancias —comentó Ana, quien acompañó a la abuela en el ir y venir del hospital de especialidades—. Parece uno chícharo en sartén, saltando de un lado a otro. No hay de dónde amarrarse ni agarrarse, más que de la camilla del enfermo.

Esperaban que la dieran de alta enseguida, pero la abuela contrajo una grave infección en las vías respiratorias y así no podían dejarla salir. Eran ya casi tres semanas de estancia en el hospital. Aquello parecía una pesadilla, la paciente se deterioraba visiblemente día a día y no podían hacer nada, más que cuidarla, animarla, mimarla y rezar, cada quien a su manera. Sofía optó por el *reiki*, que le hacía a la abuela todas las noches a distancia y cada vez que le tocaba cuidarla. Notaba que, después del *reiki*, se relajaba mucho, pasaba la noche más tranquila y su ansiedad por escapar de aquel lugar disminuía. También se le ocurrió leerle fragmentos de *Tu realidad inmortal*, aunque parecía no estar muy consciente de lo que escuchaba y en muchas ocasiones estaba ya dormida.

***

—Estás pasando por cosas muy fuertes, Sofía. Lo de tu abuela, lo de Coco, el trabajo... ¿No has considerado ir a terapia psicológica? —le dijo Pablo en una conversación telefónica—. A mí me parece que es un apoyo excelente para funcionar en la vida. Yo llevo años yendo.

—Sí, lo he pensado. Hace mucho tiempo que no he hecho nada de eso. En España tenía el *coaching*. Y antes de irme de México iba con un psicólogo que me ayudó muchísimo. Sería cuestión de buscarlo de nuevo.

En cuanto colgó con Pablo buscó los datos de Gregorio que todavía tenía por ahí en una libretita. El número de teléfono anotado ya no funcionaba, así que le escribió un correo electrónico a Joel para preguntarle si sabía algo. El psicólogo vivía en Xalapa, Veracruz, desde hacía varios años, le contestó su amigo al día siguiente. Tendría que buscar a alguien más.

Recordó que una amiga fotógrafa, quien trabajaba con frecuencia para la editorial, le había contado que tenía una psicóloga buenísima. Consiguió los datos e hizo una cita para esa misma tarde. El consultorio quedaba a unas cuantas cuadras de la oficina.

***

—En un momento viene la doctora —le dijo la señorita que la recibió— Tome asiento, por favor.

Era muy luminoso el consultorio: la pared frente a la entrada era toda de cristal. Sofía se sentó en la orilla de un sofá, que ocupaba la pared a la izquierda de la puerta y continuaba haciendo escuadra a lo largo del ventanal. Frente a ella, en la esquina de la pared de la entrada, había un sillón negro, arriba del cual estaban colgadas cinco repisas repletas de tazas de infinidad de formas, materiales, tamaños y colores. Entre la puerta y el sillón había una estantería con más tazas aún. A la derecha del sillón había un pequeño lavamanos. Una mesita ocupaba el centro de la habitación, y en su superficie había una caja de pañuelos desechables, varias velas rojas cilíndricas, un elefantito de metal dorado y un cenicero plateado que tenía un avión a escala del mismo color, montado en una vara espiral ascendente.

La psicóloga llegó enseguida y se presentó. Se llamaba Viviana, era muy esbelta y tenía el pelo rubio, con un estilo corto y moderno. Llevaba un vestido entallado de color azul marino y unos tacones altísimos a juego. Lucía muy atractiva y de una edad indescifrable. Su boca y sus ojos sonreían continuamente. Se sentó en el sillón negro de la esquina y fue tomando notas de lo que Sofía le iba platicando.

—¿Te das cuenta de que te estás culpando por todo? Por la muerte del gato, por la enfermedad de tu abuela... ¿Realmente crees que tienes tanto poder como para decidir quién vive o muere? —preguntó la psicóloga cuando su paciente terminó de contar sus preocupaciones.

Las lágrimas brotaron de pronto de los ojos de Sofía, y lo hicieron durante un buen rato.

—Quiero que vengas una vez por semana, al menos durante un tiempo. ¿De acuerdo? —le indicó Viviana y la despidió con un gran abrazo.

Al salir de consulta, vio que tenía una llamada perdida y un mensaje de texto de Ana en el celular. Finalmente daban de alta a la abuela, ahora solo faltaba que instalaran un tanque de oxígeno en casa y, después de eso, que les asignaran una ambulancia para trasladarla.

***

Una vez que llegó a casa, la anciana se notó más tranquila y relajada, aunque ya no podía hablar y parecía estar en otro mundo. Las guardias continuaron noche y día, pues había que estar pendientes del oxígeno, del pañal, de la alimentación.

Antes de que acabara julio la abuela dio su último respiro. Con inmensa tristeza, pero con alivio por ella y por todos, la despidieron con una ceremonia sencilla y muy emotiva a la que asistieron infinidad de familiares y amistades de toda la vida. Las cenizas las colocaron en la misma cripta donde estaban las del abuelo y el tío Víctor, y los ataúdes de los padres de Joaquín y Sofía.

***

Ni dos semanas habían transcurrido del fallecimiento de la abuela cuando llegó la ansiada liquidación. El jefe aprovechó las vacaciones de la directora de la empresa para solicitar la baja de su empleada; así se evitó muchos cuestionamientos y todo resultó más sencillo. De pronto, Sofía se encontró con todo el tiempo del mundo por delante para hacer lo que quisiera.

La terapia la ayudó a procesar paulatinamente su nuevo estado laboral y tanta pérdida ocurrida en tan poco tiempo. La terminación de su empleo, aunque buscada, era también una pérdida, le explicó Viviana.

—Tu vida, tu día a día, ha cambiado por completo en tan solo un par de meses. Es normal que te sientas desubicada, triste y con ese gran vacío que me cuentas, por el trabajo y por las muertes recientes.

—Ya... ¿Y ahora cómo sigo? Yo lo que quiero es ponerme a escribir, ser escritora y así vivir —dijo Sofía.

—Hazlo cada día, sin anticipar, y crea poco a poco tu rutina, a prueba y error, hasta que estés satisfecha.

***

Sofía intentó retomar aquel proyecto que comenzó antes de la enfermedad de la abuela, pero había algo que la detenía; no cuajaba ninguna rutina, no escribía, siempre había algo más importante e inmediato que hacer. De nuevo parecía que le daba miedo realizar sus sueños.

—¿Tú crees en los ángeles?— le preguntó Viviana en la siguiente sesión.

—Sí, sí creo. En ángeles o en guías. En el último curso de *reiki* que tomé en España nos enseñaron a comunicarnos con ellos a través de escritura automática, pero hace mucho que no lo hago. ¿Por qué?

—Pues porque me están diciendo que hay varias cosas que quieren que sepas.

—¿Tú te comunicas con ellos? —preguntó Sofía asombrada.

—Sí, lo descubrí hace varios años y me di cuenta de que lo podía integrar a la terapia para ayudar a muchos de mis pacientes.

—Ah, ¡qué bien! ¿Y qué quieren que sepa?

Viviana le explicó que cerraría los ojos y entraría en estado meditativo. Sofía le podría hacer preguntas sobre lo que fuera diciendo. Le indicó que prestara atención, pues no recordaba la mayor parte de lo que decían los ángeles a través de ella.

Los guías hablaron sobre una vida anterior, muchos siglos atrás, en la que Sofía había aprendido a leer y a escribir con un maestro, a escondidas, pues en esa época no era bien visto que las mujeres tuvieran esas habilidades. Ella, a su vez, le leía a su hermana y eventualmente la enseñó también a leer y a escribir, sin que la familia se enterara. Llegó el tiempo en que tuvo que casarse en un matrimonio arreglado; tanto su marido como la familia de Sofía eran acaudalados, aclararon los ángeles. El gusto por la lectura y el conocimiento la llevaron a formar un grupo secreto de mujeres a quienes enseñaba lo que sabía. Pero los encuentros furtivos fueron delatados por alguna de las asistentes, quien nunca estuvo convencida de que aquello no fuera cosa del demonio. El escándalo no se hizo esperar. El marido confirmó que su esposa era una bruja y por eso no había podido concebir un hijo; incluso aseguró que lo había embrujado a él, dejándolo estéril, pues su amante —de muchos años antes de matrimoniarse— tampoco se había podido embarazar. El resultado fue que Sofía, en esa vida pasada, murió quemada en la hoguera, y ni su hermana ni el maestro pudieron hacer nada por salvarla.

—No sé por qué, pero tengo una sensación muy fuerte de que ese maestro es Pablo en esta vida, y de que estaba enamorado de mí, o de ella —comentó Sofía.

—Así es —dijo Viviana con los ojos aún cerrados.

Camino a casa, Sofía recordó aquel libro de Brian Weiss, *Muchas vidas, muchos maestros*, que leyó alguna vez en Barcelona. En él se presentan casos de personas con problemas cuyo origen se remontaba a una o muchas vidas anteriores. Esto lo relacionó con la historia que le acababa de contar Viviana y su miedo a escribir, el cual ya no creía que se debía a tener éxito o a no sentirse merecedora de ello, como muchas veces supuso. Su temor tenía que ver con algo más profundo y definitivamente más añejo: escribir equivalía a morir entre las llamas.

***

Dos semanas pasaron y Sofía seguía sin escribir. Estaba consternada: el hallazgo de aquel miedo mortal no hizo que cambiaran mucho las cosas.

—Claro que es un descubrimiento muy importante —coincidió Viviana—, pero no esperes que cambie instantáneamente, a veces sucede y otras no; además, no hicimos ninguna regresión ni nada parecido, solo te enteraste de la historia.

—Pensé que se solucionaría todo a partir de eso —dijo desilusionada.

—A ver, siéntate aquí —le indicó la terapeuta cediéndole su sillón—. Ponte cómoda y cierra los ojos.

Viviana guió a su paciente en una especie de meditación en la que Sofía identificó al miedo instalado en su corazón y en sus manos, paralizándolas.

—Muy bien. Ahora pregúntale al miedo qué hace ahí.

—Me está protegiendo —contestó de inmediato Sofía.

—Explícale que ya no muere la gente en hogueras, que esta es otra vida y que no corres ningún peligro por escribir.

—Está preocupado..., aunque parece que me está entendiendo.

—Invítalo a que salga de tus manos y de tu corazón, y a que se siente en algún lugar de esta habitación.

—Ya..., ya salió... Está sentado en la orilla del sofá, junto a las ventanas...

—¿Cómo te sientes?

—Bien... El miedo también está bien..., está tranquilo.

—Perfecto. Asegúrale que estarás a salvo y agradécele por haberte cuidado durante tanto tiempo.

—Sí. Está contento ahora..., nos estamos despidiendo ya...

La psicóloga esperó unos instantes y después le preguntó a Sofía cómo se sentía.

—Muy ligera..., como mareada...

—Quédate ahí un momento y, cuando te sientas preparada para ello, abre tus ojos lentamente.

***

Al despedirse de su doctora, Sofía le preguntó si creía que lo que había pasado en la sesión la ayudaría por fin a escribir.

—Quisiera pensar que sí, pero no te lo puedo asegurar. Al menos creo que es un paso gigantesco en esa dirección. Ya el tiempo nos lo dirá.

—Ojalá que sí —dijo Sofía ilusionada—. Y, a propósito del tiempo, estoy pensando en irme de viaje a Europa y dejaría de venir unas tres o cuatro semanas. ¿Crees que es buena idea?

—¡Me parece excelente! —dijo entusiasmada la terapeuta.

A Sofía la estaban invitando unos amigos mexicanos que vivían por allá hacía años. Quería aprovechar que tenía el tiempo y el dinero, además de que pensaba que le serviría para despejar su ánimo de tantas cosas que habían ocurrido.

***

Tres semanas estuvo fuera Sofía. Sus anfitriones se portaron de maravilla y la llenaron de mil atenciones. La llevaron a visitar Viena, Salzburgo y los pueblos cercanos a Velden —donde vivían sus amigos, al sur de Austria—, como Villach y Klagenfurt. También conoció Liubliana, en Eslovenia, un día que se fue para allá en tren, ida y vuelta. Aprovechó, además, para pasar unos días en Konstanz, Alemania, donde residía otra pareja de amigos muy queridos, quienes la llevaron a conocer varios pueblos suizos y alemanes, y la trataron asimismo espléndidamente. Los paisajes eran espectaculares —ríos, lagos, bosques, montañas por doquier—, y las poblaciones bellísimas, como sacadas de cuentos.

Sin embargo, su viaje no fue exactamente lo que esperaba. Se suponía que a mediados de octubre el clima aún estaría tibio y agradable, pero, unos días antes de su partida, una ola de vientos fríos, lluvia e incluso algo de nieve invadió los sitios que visitaría y así permaneció durante toda su estancia. Definitivamente no iba preparada, ni en su mente ni en su guardarropa. Sin saber cómo, la tristeza y la depresión se fueron apoderando lentamente de su ánimo. Junto con esas emociones llegó una menstruación fuera de tiempo, dolorosa, abundante e inacabable. ¿Serían manifestaciones de una menopausia incipiente?

Por si eso fuera poco, al ser testigo de lo bien que se llevaban y de lo felices que parecían las parejas de amigos, empezó a extrañar a Pablo y a lamentarse amargamente de por qué no podía ser él su pareja.

En ese terrible estado anímico regresó Sofía a México, y lo primero que hizo fue buscar a Viviana. Lamentablemente, la psicóloga acababa de salir de vacaciones —también a Europa— y estaría fuera tres semanas, le dijo la secretaria.

—¿Por qué no vas a ver a mi homeópata? —le sugirió Ana—. Es muy buena, de verdad. Estoy segura de que te ayudará en lo físico y en lo emocional.

Su prima le advirtió que hiciera cita muy temprano por la mañana o justo después de la comida, porque siempre llegaba mucha gente sin previo aviso y la doctora la iba intercalando con la que sí había agendado hora.

—Así no tendrás que esperar mucho tiempo —le aclaró.

***

La homeópata de Ana estaba en el área de Satélite, en una casa en San Mateo. En el patio había muchas plantas y gran cantidad de sillas y asientos donde sentarse a esperar. Cuando llegó Sofía, después de la hora de la comida, había otra mujer, a quien enseguida llamaron a consulta.

Cuarenta minutos esperó Sofía su turno. La doctora, Gracia, era una mujer bajita, muy blanca y de formas redondas. Vestía una especie de batón muy colorido que le llegaba hasta los tobillos. Su cabellera era rubia y lacia, y no le rebasaba la barbilla; usaba como diadema una mascada a juego con su vestido. El consultorio tenía un escritorio frente a la puerta, una camilla a la izquierda y, a la derecha, un mueble con decenas de adornos de ángeles y otras figuras, la mayoría mostrando frases de inspiración.

Colgados en las paredes, intercalados con diagramas del cuerpo humano, había múltiples diplomas con el nombre de la doctora; además de homeópata, era médica cirujana, partera, abogada, y especialista en esencias florales y en fertilidad.

Sofía tomó asiento en una de las sillas frente al escritorio. Al otro lado, sentada en su silla giratoria, Gracia tomó nota de los malestares de su nueva paciente. Cuando terminaron, la homeópata se levantó y le revisó minuciosamente ambos iris con la ayuda de una lupa y la luz que provenía de la lámpara del techo.

Miomatosis y premenopausia fue el diagnóstico, además del ánimo desecho por tanta pérdida.

—Necesito que te hagas una ecografía pélvica para ver cómo están tu matriz y esos miomas. Te advierto que estarás menstruando bastantes días más, el medicamento pretende sacar todo, emociones incluidas —le dijo, entregándole una bolsa de plástico con un montón de botellitas y sus indicaciones.

***

La ecografía confirmó la presencia de un mioma de un centímetro de diámetro y muchos apenas perceptibles. Y, como había dicho la homeópata, Sofía continuó menstruando, con todo y dolor abdominal, y se sumió aún más en su depresión.

***

Los días transcurrían y lo único que cambiaba era que Sofía se sentía más y más hundida en un negro abismo. A ratos parecía que la homeopatía la estaba ayudando y se iba liberando de cosas, pero de pronto se odiaba profundamente a sí misma, a todas las personas que conocía y a las que no conocía también. Lo que más lamentaba era que Pablo no estuviera a su lado, que estuviera casado y que adorara a su esposa.

—No sabes lo mucho que me hace falta que estés conmigo —le dijo un día por teléfono.

—Pero si siempre estoy contigo, ¡siempre estaré contigo! —contestó Pablo.

—Me refiero a que estés a mi lado, físicamente... ¿Sabes que me encantas?

—Y tú a mí, Sofía, eres una persona muy especial e importante en mi vida.

—Lo sé, pero tienes a alguien más como pareja.

—Eso no cambia las cosas ni hace que te quiera menos.

—Ya... —contestó frustrada, pensando que en mal momento había aceptado ser amiga de aquel hombre tan elusivo.

Pablo cambió el tema y le sugirió que visitara un sitio en Internet que trataba sobre *tapping*.

—¿Qué es eso? —preguntó tratando de ocultar su decepción.

—Es algo parecido a la acupuntura o a la digitopuntura, pero se lo hace uno a sí mismo con golpecitos de los dedos en diferentes puntos. La idea es balancear los meridianos de energía en el cuerpo. Checa los videos que tienen ahí, incluso hay un libro sobre los pasos del proceso que puedes descargar.

Otra cosa que le recomendó fue hablar con un amigo vidente que vivía en Guadalajara.

—Te puede ayudar a saber qué te está pasando. Cuando estés lista yo le puedo decir que lo vas a llamar.

En un rato que se sintió menos apachurrada, Sofía se puso a revisar lo que su amor imposible le sugería. Nick Ortner era el creador del sitio que trataba sobre *tapping* o EFT, *Emotional Freedom Technique*, decía, algo así como técnica de libertad emocional. Le pareció muy interesante, descargó el libro y vio muchos de los videos que encontró ahí y en *Youtube*, hasta entender la técnica.

Al día siguiente, Sofía le pidió los datos del vidente a Pablo. Se llamaba Juan y resultó ser un hombre muy amable, cariñoso y directo.

—Tienes una tristeza muy profunda, y se me está permitiendo ver que proviene de tu infancia. La sangre, entre muchas otras cosas, representa la alegría de vivir y tú la estás perdiendo en abundancia.

También le dijo que era una persona muy luminosa y que tenía un futuro sumamente brillante. Le comentó, además, que esta era su última vida.

De alguna manera, todo lo que le dijo Juan la tranquilizó y decidió trabajar la información que le había dado junto con el *tapping*. El resultado fue sorprendente: cada vez que hacía una ronda de EFT enfatizando en la tristeza y todas las emociones relacionadas que iban surgiendo, sentía que soltaba lastre y podía emerger un poco hacia la superficie. Así, empezó a meditar de nuevo, lo cual igualmente contribuyó —junto con la homeopatía que seguía tomando— a su mejoría paulatina.

***

La claridad que iba recuperando le permitió terminar por fin con la lectura de *Tu realidad inmortal*. Esto, a su vez, le dió más tranquilidad. Y llegó a una conclusión: tenía que lograr que fuera cierto lo que Juan le había dicho acerca de que esta era su última vida. Ya no quería seguir reencarnando infinitamente, ya no quería volver a pasar por vidas llenas de dualidad y de sufrimiento con negros abismos. Quería gozar eternamente de la absoluta felicidad de la que hablaban los reencarnados del futuro que mencionaba el libro. Ahí se decía consistentemente que la manera más rápida y directa de lograrlo —aunque no la única—, era hacer un cambio de mentalidad, transformar el sistema de pensamiento, tal como lo planteaba *Un curso de milagros*, el cual citaba Gary a lo largo de todo su libro.

Cuando finalmente cesaron el sangrado y la depresión, después de tres intensas y emotivas semanas, Pablo le dio una noticia.

—Adivina quién viene a México...

—No sé, ¿quién? —preguntó curiosa Sofía al otro lado del teléfono.

—Gary R. Renard. Va a estar en Ajijic, junto al lago de Chapala. ¿Vamos?

—La verdad me encantaría, es más, lo necesito.

—Yo te invito.

—¿En serio?

—¡Claro!

—Pues, sí, ¡vamos! Muchas gracias. ¿Cuándo es?

—El segundo fin de semana de diciembre.

***

Le gustó ver a Gary de nuevo y le impresionó escucharlo durante tres días. En esta ocasión se sintió diferente a cuando la plática en San Antonio. Sin saber cómo ni por qué, la mención del Espíritu Santo —que, de nuevo, se hizo infinidad de veces durante el seminario— dejó de provocarle incomodidad. Al contrario, le producía una emoción que le inundaba el pecho y las lágrimas le querían salir a cada momento.

Aprovechó la sesión final de preguntas para resolver las dudas que tenía sobre lo que era *Un curso de milagros*. Gary le explicó que en el mismo volumen se encontraban el *Texto*, el *Libro de ejercicios* y el *Manual del maestro*. Aparte existía un anexo —que en la última edición en inglés ya estaba incluido en el mismo tomo del *Curso*—, que contenía *Psicoterapia: propósito, proceso y práctica* y *El can-*

to de la oración. La idea era hacer una lección del *Libro de ejercicios* por día, no más; eran 365 las lecciones. Además, había que leer el *Texto* y los demás escritos, cada cual a su ritmo. Varios asistentes comentaron que existían por todo el mundo grupos de estudio del *Curso* y Gary aclaró que no era necesario asistir a ellos para realizarlo.

Pablo le regaló el primer libro del autor que ahí vendían: *La desaparición del universo*, que Sofía se puso a leer con gran dedicación en cuanto llegó a casa. Su lectura le impactó aún más que la de la otra obra de Gary. De nuevo surgía el llanto en el instante menos esperado al leer algún fragmento. Era como si de pronto descubriera una verdad que ya conocía, pero que por alguna razón había olvidado, como si hubiera estado oculta por muchísimo tiempo y de pronto venía a sorprenderla. Con este libro, la paz y la tranquilidad que sentía eran aún más intensas y prolongadas que con el anterior.

En *La desaparición* se encontró Sofía con muchos más detalles sobre el mundo de ilusión creado por el ego y su propósito. Por más descabelladas que parecieran, las ideas que leía le transmitían certeza absoluta. Por ejemplo, la de que en realidad no somos un cuerpo, que este es una creación de la mente dominada por el ego, no de Dios, ya que Él no crearía algo tan frágil, susceptible de dolor y sufrimiento, y que eventualmente muere; sus creaciones son eternas, son amor, paz y felicidad puros, a semejanza Suya. Al igual que el cuerpo, el resto del universo que vemos tampoco tiene que ver con Él: el universo se transforma, cambia, evoluciona; Dios y la eternidad son inmutables. Y la energía, la que Sofía consideraba como parte del Creador, no lo era, sino que formaba parte del universo ilusorio.

El mundo del ego es solo una proyección de nuestras mentes, y Gary hacía una analogía con las películas: vemos lo que está sucediendo en ellas, creemos en sus historias y las vivimos mientras dura el filme; en cuanto terminan, regresamos a nuestra "realidad". Lo mismo sucede con cada vida en la que reencarnamos: cuando estamos en ella la creemos real, igual que creemos real nuestro cuerpo; al acabar —al morir— seguimos siendo lo mismo, un espíritu, que si no ha despertado del sueño o no se ha dado cuenta del juego del ego, reencarnará en una siguiente vida, en una nueva proyección con un guión previamente definido, con infinidad de opciones que se van concretando según las decisiones que se tomen. La idea de la proyección fílmica le hizo recordar dos o tres veces cuando, de niña, estando en lugares con muchísima gente, de pronto sentía que dejaba su cuerpo y lo veía a distancia, caminando y respondiendo a todo lo que le preguntaban. Le parecía muy extraño que su cuerpo, sin ella presente, se comportara como un autómata, como si estuviera actuando un papel que se sabía de memoria. Las imágenes que veía estando así, despegada, le parecían similares a las que veía en sueños, pero no estaba dormida, sino bien despierta y en sus cinco sentidos, es decir, su cuerpo no estaba durmiendo. En todas las ocasiones le preocupaba que algo fuera a salir mal, o que alguien fuera a darse cuenta de que no estaba ahí, y regresaba de inmediato.

Otros aspectos del libro que le parecían sumamente interesantes eran aquellos que daban detalles sobre la vida de Jesús, de Jesucristo, y del significado de la crucifixión: diferían sobremanera de lo que se cree comúnmente acerca de este gran personaje histórico.

Le parecía imposible llegar a comentar con cualquier persona sobre todas estas nuevas ideas —salvo con Pablo—, pero no tenía ningún motivo para no creer en ellas; le gustaban, les hallaba sentido y se las apropió por completo.

**

Las fiestas decembrinas pasaron sin gran bullicio y casi por obligación, melancólicos como estaban todos por la ausencia de la abuela. No obstante, con el nuevo año llegaron aires frescos para Sofía y, sin pensarlo mucho, se puso a escribir cada día en su proyecto. Su rutina se fue conformando sin ningún esfuerzo y avanzaba en su libro de manera sorprendente. Parecía que escribir había dejado de ser una obsesión para convertirse en parte de ella y lo disfrutaba enormemente. Además de la escritura, hacía ejercicio con constancia y meditaba día a día. Iba también a terapia una o dos veces al mes, para mantener el rumbo. Se sentía muy bien, entusiasmada y renovada.

Una vez que terminó *La desaparición del universo* se sintió lista para comenzar con *Un curso de milagros*. Cada mañana leía un poco del *Texto* —solo un poco, pues eran muy densas las ideas presentadas— y hacía la lección que le tocara —a veces repetía la del día anterior, cuando sentía que no la había hecho tal como se indicaba, o quería reforzar esa idea.

Las cosas parecían ir muy bien, por fin estaba viviendo la vida que tanto soñó y eso le encantaba. Notaba que se sentía más tranquila y en paz consigo misma durante más tiempo y, cuando no era así, procuraba lo antes posible enfocarse de nuevo en el *Curso* y en el sistema de pensamiento que proponía. De hecho, cada contratiempo de la vida —pequeño o grande— era una oportunidad de perdón, ese perdón que no era el que conocía de siempre, sino aquel que planteaba que esta vida es una ilusión y lo que en ella pasa no tiene ningún efecto sobre la realidad ni sobre nuestro Ser, así que no había que darle importancia. Mientras más podía perdonar —es decir, darse cuenta de que todo era solo un sueño—, más hacía en favor de su cambio de mentalidad y del ansiado despertar, en el que quería vivir en esta su última vida ilusoria con felicidad plena, para ya no tener que reencarnar cuando le tocara morir.

Y lo decía fácil, lo del perdón, pero le costaba, ¡vaya si le costaba! Cuando alguien hacía algo que la molestaba, intentaba ver más allá de ese frágil cuerpo que la hacía enfurecer y trataba de recordar la luz que somos todos y cada uno como hijos de Dios, perdonando al llegar a ese entendimiento de que esto no es más que un guión y no afecta nuestra realidad como espíritus. En ocasiones, las menos, lo podía hacer inmediatamente, sin enfadarse; pero la mayoría de las veces podía llegar al perdón solo después de un rato de análisis y recordatorios del *Texto* y las lecciones, horas o días más tarde. Igual valían, decía el *Curso*, pues el tiempo tampoco existe en la eternidad.

Quien más oportunidades de perdón le otorgaba era Pablo, no porque hiciera algo en particular, sino porque no lo hacía. Sofía estaba empecinada en que era su hombre ideal y lo amaba, pero no entendía por qué no le correspondía ni cómo podía seguir casado, si a todas luces estaba enamorado de ella. El no entender la hacía sufrir..., y mucho. Hasta que un día, pensando en línea con el *Curso*, le quedó claro que así había definido ella misma su guión antes de nacer: tenía lo que había venido a buscar, ni más ni menos. Recordó también la historia de aquella vida en que Pablo había sido su maestro y estuvo enamorado de ella sin ser correspondido, al parecer debido a intereses sociales y económicos. Entonces le llegó algo así como una revelación: la parte de su guión con Pablo en esta vida estaba determinado por el *karma* del sufrimiento que ella le había provocado en la vida anterior. ¡Todo era parte del mismo cruel y absurdo juego del ego! Al final era mera ilusión, y tanto Pablo como Sofía seguirían siendo los mismos espíritus puros, perfectos e inalterables sin importar las vidas por las que habían pasado y lo que habían hecho o les había sucedido en ellas, ni lo que les estuviera ocurriendo en esta. A partir de ese momento se juró que, cuando se descubriera cayendo en la desazón amorosa, se acordaría de este asunto del guión y del *karma*. Y le funcionó: cada vez salía más rápido de esas situaciones y eran mucho menos frecuentes. Sin duda, esto del *Curso* era una maravilla.

***

—¿Sabes? —le dijo a Pablo una tarde que tomaban té en una cafetería de Polanco—. Aunque no fuera cierto todo eso que dice el Curso, de que este mundo es solo una ilusión y que nuestro cuerpo y todo lo que vemos no es creación de Dios, sino una invención de nuestra mente...

—Aunque no fuera cierto, ¿qué? —preguntó intrigado.

—Pues que no es relevante, de cualquier manera voy a seguir con él y me gusta creer en lo que plantea, me sirve mucho —contestó entusiasmada—. Nunca me había sentido tan tranquila, tan en paz con todo la mayor parte del tiempo.

—Se te nota, Sofía, en la mirada, en tu semblante...

—Mucha gente me dice lo mismo, que si tengo la mirada muy brillante, que si mucha luz en el rostro... Vale la pena verse así, pero lo principal, sentirse así, ¿no crees?

—Definitivamente lo vale.

Sofía no sabía si con el *Curso* llegaría al final de su búsqueda, pero eso no le importaba ya. Lo que descubría cada día con las lecciones era una maravilla, una aventura. Estaba aprendiendo a no arruinar su tranquilidad por lo que pareciera estar ocurriendo a su alrededor, estaba por fin aprendiendo a hallar la dicha, la paz y la felicidad —que tanto había añorado— en el único lugar en donde se encontraban: en ella misma.

Sofía y su búsqueda

Este ejemplar se imprimió a través de

createspace.com /amazon.com

www.ingramcontent.com/pod-product-compliance
Lightning Source LLC
Chambersburg PA
CBHW021127020426
42331CB00005B/659